Müller · Selbstständigkeit fördern und fordern

Frank Müller

Selbstständigkeit fördern und fordern

Handlungsorientierte und praxiserprobte Methoden
für alle Schularten und Schulstufen

Mit einem Vorwort von Heinz Klippert

BELTZ

Frank Müller, Realschullehrer und Realschulkonrektor, Fachleiter Deutsch, Lehrauftrag Universität Landau, Dozent am Lehrerfortbildungsinstitut in Landau (EFWI).

Das Werk und seine Teile sind urheberrechtlich geschützt. Jede Nutzung in anderen als den gesetzlich zugelassenen Fällen bedarf der vorherigen schriftlichen Einwilligung des Verlages. Hinweis zu § 52a UrhG: Weder das Werk noch seine Teile dürfen ohne eine solche Einwilligung eingescannt und in ein Netzwerk eingestellt werden. Dies gilt auch für Intranets von Schulen und sonstigen Bildungseinrichtungen.

4., neu ausgestattete Auflage 2010

Lektorat: Peter E. Kalb

© 2006 Beltz Verlag · Weinheim und Basel
www.beltz.de
Herstellung: Lore Amann
Satz: Druckhaus »Thomas Müntzer«, Bad Langensalza
Druck: Beltz Druckpartner, Hemsbach
Umschlaggestaltung: glas ag, Seeheim-Jugenheim
Printed in Germany

ISBN: 978-3-407-25558-7

Inhaltsverzeichnis

Vorwort	7
Zu den Methoden und Arbeitsformen in diesem Buch	9
Selbstständigkeit fördern und fordern	10
ABC-Methode	24
Abfallmontage	26
Arbeitsanweisungen genau ausführen	27
Bildkartei	30
Brief an Schüler	34
Collage	42
Denkblatt	45
Der große Preis	47
Domino	48
Erwartungen artikulieren	52
Erzählkette	54
Expertenmethode	55
Fallbeispiel	60
Fragebogen	63
Gedanken zu einem Bild	66
Gitterrätsel	68
Gruppenbildung	71
Karikaturenrallye	74
Kreuzworträtsel	83

Kugellager	85
Lernen an Stationen	89
Markt	95
Memory	97
Mein Mitbringsel	99
Mind-Mapping	101
Museumsgang	107
Odd Man Out	108
Partner-Interviews	113
Personalbogen	116
Pyramidendiskussion	117
Schneeballverfahren	120
Schreibgespräch	123
Schreib- und Erzählimpulse	127
Schriftbild	133
Spielformen	136
Stationenengespräch	144
Steckbrief	153
Triangel	156
Umrisse zeichnen	160
Vier-Ecken-Methode	163
Wortcollage	165
Zahlenroulette	168
Zielscheibe	170
Zitaten-Schatzkiste	172
Literaturverzeichnis	176

Vorwort

Lehren und Lernen befinden sich im Umbruch. Neue Lehrpläne entstehen, neue Bildungsstandards werden formuliert. Präsentations- und Projektprüfungen halten Einzug in den Schulalltag und lassen deutlich werden, dass es mit der herkömmlichen „Stoffhuberei" nicht mehr getan ist. Lernkompetenz im weitesten Sinne des Wortes soll vermittelt werden; Vergleichsarbeiten sollen Aufschluss darüber geben, wie es um das Können der Schülerinnen und Schüler bestellt ist. Gefordert werden eigenverantwortliches, methodenbewusstes, problemlösendes und nachhaltiges Lehren und Lernen. PISA hat dieser Neuorientierung Vorschub geleistet. Fachwissen alleine genügt nicht mehr. Vielmehr kommt es vor allem und verstärkt darauf an, die Schülerinnen und Schüler zum selbstständigen Denken, Handeln und Problemlösen zu befähigen.

Adolf Diesterweg hat diesen Primat des selbstständigen Lernens bereits vor vielen Jahrzehnten auf die Formel gebracht: „Was der Schüler sich nicht selbst erarbeitet und erwirkt hat, das ist er nicht und das hat er nicht." Recht hatte er! Und recht haben all die anderen, die nach ihm und vor ihm für eine konsequente Ausweitung des „Arbeitsunterrichts" in der Schule plädiert haben. Nicht zuletzt die PISA-Studie macht deutlich, dass unsere Schüler/innen vermehrt angehalten werden müssen, Fachwissen anzuwenden, Probleme zu lösen und Lernstoff durchdacht zu erschließen und zu verarbeiten. Eigenverantwortliches Arbeiten und Lernen – das ist das Gebot der Stunde. Diesbezüglich müssen die Schüler/innen verstärkt gefordert und gefördert werden.

Kennzeichnend für die gegenwärtige Lernkultur in Deutschlands Schulen ist dagegen etwas anderes, nämlich das weithin gedankenlose Pauken und Reproduzieren des obligatorischen Lernstoffs durch die Schüler/innen. Die Lehrkräfte arbeiten in aller Regel zu viel und die Schüler/innen zu wenig! Die Lehrkräfte planen, recherchieren exzerpieren, referieren, strukturieren, visualisieren, organisieren, kontrollieren, kritisieren, lösen Probleme und machen vieles von dem, was eigentlich die Schüler/innen tun sollten. Die verbreitete Folge dieser „Hyperaktivität" ist, dass sich bei vielen Schülerinnen und Schülern über Gebühr Unsicherheit, Gleichgültigkeit, Oberflächlichkeit, Gedankenlosigkeit oder auch Bequemlichkeit einstellen. Das schlechte Abschneiden deutscher Schüler/innen bei PISA ist nur mehr ein Indiz für die Ineffizienz der tradierten „Belehrungskultur".

Dass die Schüler/innen in punkto „Eigenverantwortliches Arbeiten und Lernen" (EVA) verstärkt gefordert und gefördert werden müssen, ist unstrittig. Gleiches gilt hinsichtlich des Erlernens grundlegender Arbeits-, Kommunikations- und Kooperationsmethoden. Die von Frank Müller vorgestellten Unterrichtsbausteine zeigen, wie man Handlungsorientierung und Methodenlernen integrieren kann. Durch das Handeln beim Lernen erhalten die Schüler/innen Gelegenheit, nicht nur zeitgemäße „Schlüsselqualifikationen" einzuüben und zu festigen, sondern auch und zugleich Wissensstrukturen aufzubauen und im Gedächtnis zu verankern. Denn unser Gehirn ist bei der Konstituierung von Bedeutungen in hohem Maße darauf angewiesen, dass der jeweilige Lernstoff in tätiger Weise erschlossen („begriffen") wird.

Die Palette der möglichen Lernhandlungen der Schülerinnen und Schüler ist umfangreich: Die Schüler/innen planen und entscheiden, assoziieren und kommunizieren, schreiben und gestalten, diskutieren und argumentieren, reflektieren und recherchieren, kooperieren und präsentieren, zeigen Initiative, übernehmen Verantwortung und pflegen in vielfältiger Weise ihre persönliche Lern-, Arbeits-, Kommunikations-, Präsentations- und Kooperationsmethodik. Bei alledem sind sie aktiv, lösen Probleme, klären Begriffe, bauen Wissensnetze auf, lernen unterschiedliche Methoden kennen, entwickeln Kreativität, reflektieren Lernwege und üben sich im selbstständigen Denken, Urteilen und Handeln. Wer wollte bestreiten, dass dieses ein vielversprechender Weg zur Effektivierung des Unterrichts ist.

Die von Frank Müller dokumentierten Methoden sind praxiserprobt und ohne größeren Vorbereitungsaufwand im Unterricht ein- und umsetzbar. Sie fördern lebendiges Lernen, sichern Methodenvielfalt und tragen dazu bei, dass die Schüler/innen in punkto Selbstständigkeit und Selbsttätigkeit vielseitig gefordert und gefördert werden. Mit seinen Anregungen und Beispielen leistet Frank Müller praktische „Hilfe zur Selbsthilfe" – für die Lehrkräfte genauso wie für ihre Schüler/innen. Er zeigt, wie man die Schüler/innen mit relativ einfachen Mitteln zum eigenverantwortlichen Arbeiten und Lernen veranlassen kann. Seine Methodensammlung ist ein Buch aus der Praxis für die Praxis – nicht mehr, aber auch nicht weniger. Lehrkräfte, die auf der Suche nach methodischen Anregungen und Hilfen für die alltägliche Unterrichtsarbeit sind, werden die dokumentierten Methoden als „Ideenbörse" zu schätzen wissen.

Landau   *Heinz Klippert*

Zu den Methoden und Arbeitsformen in diesem Buch

Ich habe mich bemüht, einige Methoden und Arbeitsformen in diesem Buch zu sammeln, die schnell in vielfältigen Unterrichtsprozessen einsetzbar sind. Methoden, die einerseits eine hohe Schüleraktivität verlangen, andererseits aber auch prädestiniert sind, fachliche Inhalte eines bestimmten Themengebietes umzusetzen. Jede Methode ist in verschiedene Rubriken eingeteilt. Am Anfang wird die **Zielvorgabe** formuliert, dann folgt eine ausführliche **Beschreibung**, wie sich diese Methode im Unterricht einsetzen lässt. **Chancen** und **Schwächen** charakterisieren dann die Arbeitsform. Es muss uns deutlich sein, dass diese Methoden keine Selbstläufer sind. Sie bieten genauso Fallstricke wie alle anderen Situationen des Unterrichts und wir müssen einige Dinge bedenken, damit wir nicht genau das Gegenteil von dem erreichen, was wir wollen. Ideen und Tipps zur **Weiterarbeit**, zur Sicherung und Festigung der Lerninhalte folgen in einem nächsten Abschnitt. Danach sind **mögliche Themen** aus allen Unterrichtsfächern aufgelistet, die beispielhaft zeigen, wie vielfältig diese Methoden in verschiedenen Lernsituationen einsetzbar sind. Die Rubrik **Sonstiges** bezieht sich auf weitere wichtige Komponenten, die noch genannt werden sollten oder evtl. auf Alternativen, die in anderen möglichen Lernarrangements sinnvoll eingesetzt werden können. Zu den meisten Methoden findet sich im Buch eine Zeichnung, die einerseits deutlich macht, wie man vorgehen kann, andererseits die Beschreibung einer Methode unterstützt und zeigt, in welchen Sozialformen, in welchen Situationen und in welchen Lernarrangements sich Schülerinnen und Schüler befinden.

Bei einigen Methoden gibt es beispielhafte **Arbeitsblätter** oder **Schülerarbeiten**, die verdeutlichen sollen, zu welchen Ergebnissen Schülerinnen und Schüler bei einer solchen Art von Unterricht fähig sind. Ein Exkurs zur Gruppenbildung soll den Lehrerinnen und Lehrern Ideen an die Hand geben, immer wieder Zufallskonstellationen unter ihren Schülern bilden zu können und dies auf möglichst vielfältige (zum Teil auch fachliche) Art und Weise. Im Kapitel „Spielformen" sind kommunikative, kooperative und Interaktionsspiele aufgelistet, die den Schülerinnen und Schülern auf spielerische Art und Weise notwendige persönliche Kompetenzen vermitteln helfen.

Selbstständigkeit fordern und fördern

Was fordert die Berufswelt?

Was muss Schule in der heutigen Zeit leisten? In einer Zeit, in der Fakten und Fachwissen jedem zugänglich und Informationen jederzeit abrufbar sind, in der die Halbwertzeit des Wissens in einigen Berufen mittlerweile lediglich ein bis zwei Jahre beträgt, sind heute andere Kompetenzen als noch vor fünf Jahren gefragt. Seit fast 40 Jahren führt das EMNID-Institut folgende Umfrage durch: „Auf welche Eigenschaften sollte die Erziehung der Kinder vor allem hinzielen?" Bis 1978 führten Charakteristika wie „Ordnungsliebe" und „Fleiß" die Prioritätenliste an. In den letzten 20 Jahren traten zunehmend die Eigenschaften „Selbstständigkeit" und „freier Wille" als entscheidende Kriterien zur Persönlichkeitsbildung in den Vordergrund.

Welches Rüstzeug wird dazu benötigt? Wenn man sich die Schlüsselqualifikationen, die beispielsweise die *Siemens AG* von ihren jungen Auszubildenden fordert, anschaut, dann wird man als Lehrerin oder Lehrer zunächst erschrecken. In den Dimensionen „Organisation und Ausführung der Übungsaufgabe", „Kommunikation und Kooperation", „Anwenden von Lerntechniken und geistigen Arbeitstechniken", „Selbstständigkeit" und „Verantwortung und Belastbarkeit" sind eine Fülle von Einzelqualifikationen aufgeführt, die die jungen Schulabgänger mitbringen sollen.

In Gesprächen mit Ausbildern und Personalchefs werden zunehmend die o.g. (Schlüssel-) Qualifikationen als wesentliche Kriterien für Testverfahren genannt. Bewerber werden beispielsweise an einen runden Tisch gesetzt und müssen über das Thema „Tempo 100 auf Autobahnen" diskutieren. Es geht hierbei weniger um fachliche Kriterien oder Termini, es wird vielmehr darauf geachtet, ob die Schülerinnen und Schüler andere zu Wort kommen lassen, ob sie Diskussionsteilnehmer ausreden lassen, ob sie zuhören können, ob sie Blickkontakt halten und wie sie sich insgesamt in den Diskussionen verhalten – überprüft wird also letztendlich die kommunikative Kompetenz.

Hier gilt es verstärkt anzusetzen, denn gerade auf diesem Gebiet liegt vieles im Argen. Die meisten meiner Schülerinnen und Schüler sitzen nach der Schule sofort am Fernsehapparat und betrachten eine dieser Talkshows, die mittlerweile auf vielen Kanälen laufen. Leider ist es gerade in diesen Diskussionen Usus, dass derjenige das beste Argument hat, der am lautesten hineinschreit, der am vehementesten sein Ansinnen vorträgt, der überhaupt nicht zuhört und der andere nicht zu Wort kommen lässt, sondern eventuell noch übertönt.

Wenn junge Menschen solches Verhalten übernehmen, kann dies für die Schule und das spätere Leben nicht förderlich sein. Schülerinnen und Schülern muss daher klar gemacht werden, dass diese (kommunikativen) Verhaltensweisen nicht adäquat sind.

Es ist einsehbar: Schule kann nicht alleine für gesellschaftliche Fehlentwicklungen und schon gar nicht für Erziehungsversäumnisse im Elternhaus (oder gar für Diskussionen im Fernsehen) verantwortlich gemacht werden, aber sie hat die Verpflichtung, diesen Tendenzen so weit wie möglich entgegen zu wirken, indem sie verstärkt Persönlichkeitswerte, Motivationsfaktoren und grundsätzliche Werteinstellungen vermittelt, die Grundlage für eine stabile Persönlichkeit, die Gemeinschaftsfähigkeit sowie die Lern- und Leistungsbereitschaft sind.

Vielen Jugendlichen ist auch nicht klar, dass in der Berufswelt Schlüsselqualifikationen wie Kommunikations-, Kooperations- und Kontaktfähigkeit, Anpassungsbereitschaft, Flexibilität, Höflichkeit, Fähigkeit zum Denken in Zusammenhängen, Lernbereitschaft, Verantwortungsgefühl oder auch Orientierung an Leistungs- und Wertmaßstäben verlangt werden.

Bei *BMW* wird beispielsweise der Ausdruck „entlernen" in der betrieblichen Ausbildung verwendet. Damit ist gemeint, dass man heute nur noch auf ca. 20 % der fachlichen Kompetenz zurückgreifen muss; entscheidend sind die verbliebenen 80 %, die sich aus jeweils 20 % Teamfähigkeit, Kommunikationsfähigkeit, Methodenbeherrschung und persönlicher Kompetenz zusammensetzen. Wissen ist heute natürlich ein immer noch wichtiger, aber nicht mehr der einzige Baustein in der Gesamtqualifikation der Schülerinnen und Schüler.

Teamarrangements spielen in der Berufswelt eine immer größere Rolle. Wenn sich heute zur Bearbeitung eines Projektes 4–6 Personen zusammensetzen, die menschlich hervorragend harmonieren, teamfähig sind, zuhören, offen kommunizieren können, die aber mit dem Problem fachlich nur mittelmäßig vertraut sind, dann erarbeitet diese Gruppe bessere Lösungen als eine Gruppe aus 4 exzellenten Fachleuten, unter denen „die Chemie nicht stimmt", die nicht teamfähig, dafür aber hervorragende Einzelkönner sind. Daraus folgt: „Fachkompetenz ist zwar wichtig, entscheidend ist aber, dass der junge Mensch zur Organisation, zur Gruppe, zum Team passt, dass er gelernt hat, in Gruppen zu arbeiten, dass er gelernt hat, zuzuhören, dass er gelernt hat, offen zu kommunizieren und zu diskutieren" (*Dr. Axel Wiesenhütter*, Präsident der Industrie- und Handelskammer für die Pfalz).

Was muss die Schule fordern?

Wenn die Schülerinnen und Schüler Selbsttätigkeit und Selbstständigkeit lernen wollen und sollen, dann müssen wir in der Schule immer wieder Möglichkeiten schaffen, dass sich unsere Lerngruppen in Gesprächen, in Teamarrangements, d. h. in Unterrichtssituationen befinden, in denen sie sich mit Mitschülerinnen auseinandersetzen müssen, in denen sie diskutieren, kooperieren, präsentieren und visualisieren müssen. *John Deweys* Formulierung, dass ein Gramm Erfahrung besser sei als eine Tonne Theorie, ist natürlich plakativ, stellt dabei in einem komplexen Problemfeld eine Teilwahrheit in den Mittelpunkt, denn dieses Problem findet sich tatsächlich im alltäglichen pädagogischen Handeln. Wenn wir unsere Schülerinnen und Schüler nur selten in die Lage versetzen, eigenverantwortlich zu handeln und selbst kleine Unterrichtsprozesse zu steuern, kurzum das learning by doing zu praktizieren, werden wir ihnen kaum Wege zum selbstständigen Handeln aufzeigen können.

Wer Lernen also als selbstständiges Denken-Lernen versteht, weiß, dass er dazu genügend Raum und Zeit einräumen muss.

Auf Fortbildungsveranstaltungen und Studientagen höre ich immer wieder folgende (durchaus nachvollziehbare) Argumente: „Ich würde ja gerne mehr Eigentätigkeit meiner Schüler bei der Arbeit zulassen, aber wenn mir das Kultusministerium nicht mehr Zeit gibt, muss ich den bewährten/den schnelleren Weg gehen. Ich muss schließlich den Lehrplan erfüllen. Also lenke ich mein Unterrichtsgespräch und steuere so meinen Unterricht im vorgeschriebenen 45-Minuten-Takt." Hier wird aber vergessen, dass das rein lehrerzentrierte Verfahren den Lerngruppen kaum Möglichkeiten gibt, handlungsorientiert und eigenständig Themen zu bearbeiten. Wie hilfreich wäre oftmals ein Anflug von Selbstzweifel: Was, wenn mein Denkweg nicht der beste, vor allem nicht der einzige und schon gar nicht der meiner Schüler wäre? Da hilft nur eins: Raum geben und Zeit lassen für das Beschreiten eigener Wege, für eigene kreative Ansätze und Lösungen der Schülerinnen und Schüler. Im Übrigen werden wir über diese Verfahrensweisen keine Zeit verlieren, sondern Zeit gewinnen. Wenn unsere Schülerinnen und Schüler trainiert sind, werden sie später Lern- und Arbeitstechniken auch schneller, besser und kompetenter im Unterricht und in der alltäglichen Arbeit einsetzen können.

Wie muss die Schule fördern?

Das gesamte Methoden-, Kommunikations- und Teamentwicklungstraining basiert auf der Tatsache, dass es Schülerinnen und Schülern an Übungen fehlt. Die Routine und das praktische know-how werden im Unterricht so gut wie nicht geübt, Schweigen ist in; Schlagworte und Schlagfetzen, Satzfehler und halbe Sätze sind die Regel; Schüler schauen oft nur Lehrer an und reagieren, statt selbst im Unterricht kommunikativ zu agieren. Miserable Schülervorträge sind im Unterricht nicht selten. Wer bereitet letztendlich die Schüler auf Vorträge vor? Wer zeigt ihnen, wie präsentiert werden soll? Welche Hilfen benötigen Schüler und Schülerinnen auf ihrem Weg zum eigenverantwortlichen, selbsttätigen Lernen und Handeln?

Dass die Kommunikation gefördert werden muss, ist unbestritten, aber wie ist das in der alltäglichen Unterrichtsarbeit zu leisten? Neben Methoden müssen vor allem angemessene Formen der Gesprächsführung gelernt werden, denn entscheidend für den späteren beruflichen Erfolg ist, dass junge Menschen teamfähig sind in dem Sinne, dass sie gelernt haben, in Gruppen zu arbeiten, zuzuhören, offen zu kommunizieren und zu diskutieren. Es kommt auf die Kunst der kleinen Schritte an. Durch vielfältige Übungen sowie themenzentrierte Sprechanlässe werden breite Übungsfelder eröffnet. Dabei wird deutlich, dass der Kommunikationsförderung nicht nur im Deutschunterricht, sondern in allen Fächern Augenmerk geschenkt werden muss. Dies gilt beispielsweise auch für den Mathematik- und naturwissenschaftlichen Unterricht: Ein Versprachlichen von Lösungswegen bringt die Schüler weiter, als nur verschiedene Aufgaben nachzuvollziehen und nachzurechnen.

Sehr viele Lernbereiche und Lernzieldimensionen der Lehrpläne sind mit Sprechaktivitäten oder kleinen kommunikativen Arrangements in Verbindung zu bringen. Hier meine ich Techniken wie Assoziieren, Nacherzählen, Berichten, Erzählen, Vortragen, Präsentieren, Vorlesen, Fragen Stellen, Zuhören, Antworten, Dokumentieren, Begründen, Verhandeln, Debattieren, Moderieren, Interviewen, Telefonieren, Diskutieren und Überzeugen.

Gerade dies kann in der Schule sehr wohl diskutiert werden. Gesprächsregeln und Rituale aufstellen wäre ein Anfang; kleine Gespräcarrangements, die Schülerinnen und Schülern einerseits die Redeangst nehmen, aber auch zum intensiven und aktiven Zuhören ermutigen sollen, ein notwendiger Schritt, um dann nachher von diesen Mikro- auf Makromethoden zu kommen und Schülerinnen und Schüler in Rollenspielen, Planspielen und Pro- und Contra-Debatten agieren zu lassen.

Diese anspruchsvollen Methoden können aber nur dann gelingen, wenn die Schülerinnen und Schüler gelernt haben, sich Aufgabenstellungen, Lösungswege und Regeln selbst zu erarbeiten, selbst zu formulieren und auf die entsprechende Umsetzung zu achten – das eigene Lernen und Agieren selbst zu steuern und kritisch zu überprüfen; d. h. wir müssen im Unterricht auch genügend Raum geben für das Reflektieren der Schüleraktivitäten. Dazu gehören auch Verbesserungsvorschläge und Tipps (z. B. Blickkontakt beim Reden, klare und verständliche Sprache, entsprechende Mimik und Gestik usw.). Dass diese Tipps von Schülern selbst formuliert werden, ist von elementarer Bedeutung, denn eine Reflexion über ihr eigenes Tun und ein Nachdenken über Fehler bringt sie wesentlich weiter, als wenn dies ein anderer für sie übernimmt.

Indem Fragen zum Themenbereich selbst formuliert, Gelerntes in eigenen Worten wiederholt, Arbeitsblätter selbst konzipiert, Tafelbilder ansatzweise entwickelt, Lernspiele selbst hergestellt werden, wird aktiver und damit intensiver mit dem Lernstoff umgegangen.

Zur Förderung von Schlüsselqualifikationen kann eingeübte Gruppenarbeit im Unterricht beitragen. Es muss nicht immer der Lehrer sein, der im Alleingang die Lösung einer Aufgabe oder eine theoretische Ableitung an der Tafel durchführt. Warum macht man nicht öfter den Weg zum Ziel? „Fachlich sind die jungen Leute in Ordnung, aber es hapert mit den sozialen Fähigkeiten. Niemand hat ihnen beigebracht, im Team zu arbeiten. Doch heute haben wir eine völlig andere Situation. Die Welt ist hochkomplex geworden, der Wissensstand hat sich vervielfacht. Wir können mit den besten Ingenieuren nur dann noch etwas anfangen, wenn sie mit anderen zusammen arbeiten können. Die Pädagogen haben richtig erkannt, dass sie mit der Wissensexplosion nur fertig werden, wenn sich Schüler und Studenten spezialisieren. Sie haben aber vergessen, dass man mit Spezialwissen allein nichts anfangen kann" (*Der Spiegel* Nr. 23/1992, Seite 53).

Bei alledem gilt der Grundsatz des langsamen, aber stetigen und stringenten Vorgehens. Es macht keinen Sinn, sofort alles ändern zu wollen, Unterricht und Schulprofil von heute auf morgen vollständig umzukrempeln. Gerade das Ausprobieren, das kritische Reflektieren (Was war sinnvoll?; Was war verbesserungswürdig?), das Fehler Zulassen erscheinen mir notwendig und wichtig, um einen eingeschlagenen Weg konsequent weitergehen zu können.

Trauen wir ruhig unseren Schülerinnen und Schülern mehr zu, nehmen wir sie in Unterrichtsphasen öfter in die Pflicht, selbst zu tun.

Viele Schulen propagieren Methodentraining, dokumentieren dies als Schulentwicklung in regionalen Zeitungen, betreiben aber leider nichts anderes als Hedonismus. Die Methoden werden angewendet, um sie durchzuführen, nicht aber um bei den Schülern Selbsttätigkeit und Selbstständigkeit zu wecken. Auch vernachlässigen begeisterte Kollegen bei der Planung wichtige didaktische und situative Überlegungen zugunsten einer „wunderschönen modernen Arbeitsform" mit interessanten Bezeichnungen wie z. B. Lernspiel, Lernstation, offenes Lernen, Freiarbeit und andere. Oft wird zu wenig zielorientiert gearbeitet.

Dies wurde mir in meiner Fachleitertätigkeit deutlich, als ich eine Referendarin kurz vor ihrer Endlehrprobe fragte, was sie denn in ihrer Examenslehrprobe Deutsch zeigen wolle. Die Kandidatin nannte die Methode „Kugellager" und auf meine Frage, welche thematische Zielsetzung ihre Stunde habe, sagte sie, das wisse sie noch nicht. Hier haben wir einen klassischen Fall von Aktionismus. Die Methode steht im Vordergrund, nicht aber die Ziele, die in diesem Unterricht verfolgt werden sollen. Außerdem wird vergessen, dass die Lernziele operationalisierbar sein müssen, dass die Methode vor allem die fachlichen Inhalte transportieren muss, ansonsten ist sie unnütz und ich benötige sie nicht.

Gerade das Ineinandergreifen traditioneller und neuer Methoden ist in vielen Unterrichtssituationen notwendig und überaus hilfreich. Ein traditioneller Lehrervortrag kann mit kleinen Gesprächsarrangements (z. B. Methode „Schneeballverfahren" oder „Kugellager") verknüpft werden, so dass Schülerinnen und Schüler das Gesprochene rekapitulieren, filtern, hinterfragen und diskutieren müssen. Nach vielen handlungsorientierten Methoden bietet sich eine Zusammenfassung des Lernstoffes im klassischen Tafelbild an, um inhaltliche Komponenten zu festigen und zu sichern und dies alles auch in einem Hefteintrag von den Schülern schriftlich fixieren zu lassen.

Dabei sind Methodentraining und fachliches Lernen überhaupt kein Widerspruch. Wenn wir unsere Schülerinnen und Schüler in Methodentrainingstagen unterrichten, dann muss Schülern und Lehrern klar sein, welchen Sinn und Zweck dieser Unterricht hat und dass notwendigerweise die alltägliche Unterrichtsarbeit an diesen Tagen anknüpfen muss. Dann werden wir keine Zeit verlieren, sondern im Gegenteil nachher viel schneller mit Schülerinnen und Schülern bevorstehende Themen bewältigen können. Denn wenn Schüler gelernt haben zu exzerpieren, wenn sie gelernt haben Schlüsselwörter herauszufinden, dann werden sie nachher Arbeitsblätter und Texte viel schneller inhaltlich erfassen können, und die in diesem Training investierte Zeit wird später doppelt und dreifach wieder hereingeholt werden können. Das A und O dieses Trainings besteht darin, dass wir Schüler für diese Art zu arbeiten sensibilisieren, dass wir sie für diese Arbeitsprozesse motivieren und bestimmte Methoden reflektieren und problematisieren.

Welche Rolle übernimmt der Lehrer?

Wenn man voraussetzt, dass neben der Fachkompetenz auch das Erlernen von Teamfähigkeit, der Erwerb methodischer und kommunikativer Kompetenz notwendig ist, muss der Lehrer heute seine Rolle neu überdenken. Er ist nicht mehr der Initiator, nicht mehr der alleinige Instrukteur, sondern Moderator, Berater und Arrangeur. Wer sich vor allem als Beobachter und Helfer der Schüler versteht, wird Selbstständigkeit geben können und wollen.

Die von Maria Montessori propagierte Veränderung der Lehrertätigkeit in der Freiarbeit bietet Ansätze zum Überdenken der Lehrerrolle. So wird der Lehrende vorwiegend indirekt aktiv als Mittler zwischen Kind und Material (Grundsatz: „Hilf mir, es selbst zu tun"). Kinder sind durchaus in der Lage, ausdauernd, interessiert und selbstständig zu arbeiten, wenn sie dazu herausgefordert werden. Dabei ist festzustellen, dass nicht nur die Lernerfolge der Schüler deutlich werden, sondern auch die Berufszufriedenheit der Lehrerinnen und Lehrer deutlich zunimmt.

Als Lehrer muss ich mir auch Zeit nehmen, bestimmte Arbeitsprozesse zu reflektieren und Problematisierungen, Kritiken und Anregungen zuzulassen. Dies kann auch eine geeignete Form der Evaluation des Eigenunterrichts sein. Durch abgerufene Schülerreflektionen zu Unterrichtseinheiten, durch Manöverkritiken habe ich sehr viele sinnvolle und praktikable Tipps von meinen Schülerinnen und Schülern erhalten und somit auch viel von ihnen lernen können.

Entscheidend ist, gerade auch nach der Einführung einer neuen Methode mit Schülerinnen und Schülern in eine Metakommunikation einzutreten. Nach einer erstmals eingeführten Arbeitstechnik kann über die Durchführung reflektiert werden. Schülerinnen und Schüler sollen darüber diskutieren, warum gerade diese Methode für sie sinnvoll war oder sein kann.

Wenn Schülerinnen und Schüler von einer Arbeitstechnik überzeugt sind, werden sie selbst Argumente für diese Art des Unterrichts liefern und somit beim nächsten Mal motivierter und engagierter arbeiten.

In Metareflektionen zu verschiedenen Methoden haben meine Lerngruppen immer wieder Argumente gesammelt, die deutlich machten, dass sie vom Sinn und Zweck der jeweiligen Arbeitsform überzeugt waren. Die beiden folgenden Schülerarbeiten zum Themenfeld „Gruppenarbeit" mögen dies verdeutlichen und unterstreichen.

→ **Gruppe**

- Jeder muß zur Gruppenarbeit etwas beitragen
- Die Leistung des Schülers wird erhöht
- Neue Freundschaften werden geschlossen
- Kreative Ideen werden geweckt
- mehr Spaß bei der Arbeit
- Lernstoff prägt sich besser ein
- Optische Signale wie Pfeile, grelle Farben, Symbole …
- Stärkt die (Klassen-)Gemeinschaft
- Durch Lernprodukte, wie z.B.: Projektor (Folien), Plakate, Tabellen, Schaubilder, Tafelbilder, Karikaturen usw. versteht man den Lernstoff besser

Gruppenarbeit ist besser, weil Einzelarbeit ...
- man lernt nicht mit anderen zusammen zuarbeiten
- kein Spaß beim lernen
- wird von Nebengeräuschen abgelenkt
- man träumt mehr

18 Selbstständigkeit fordern und fördern

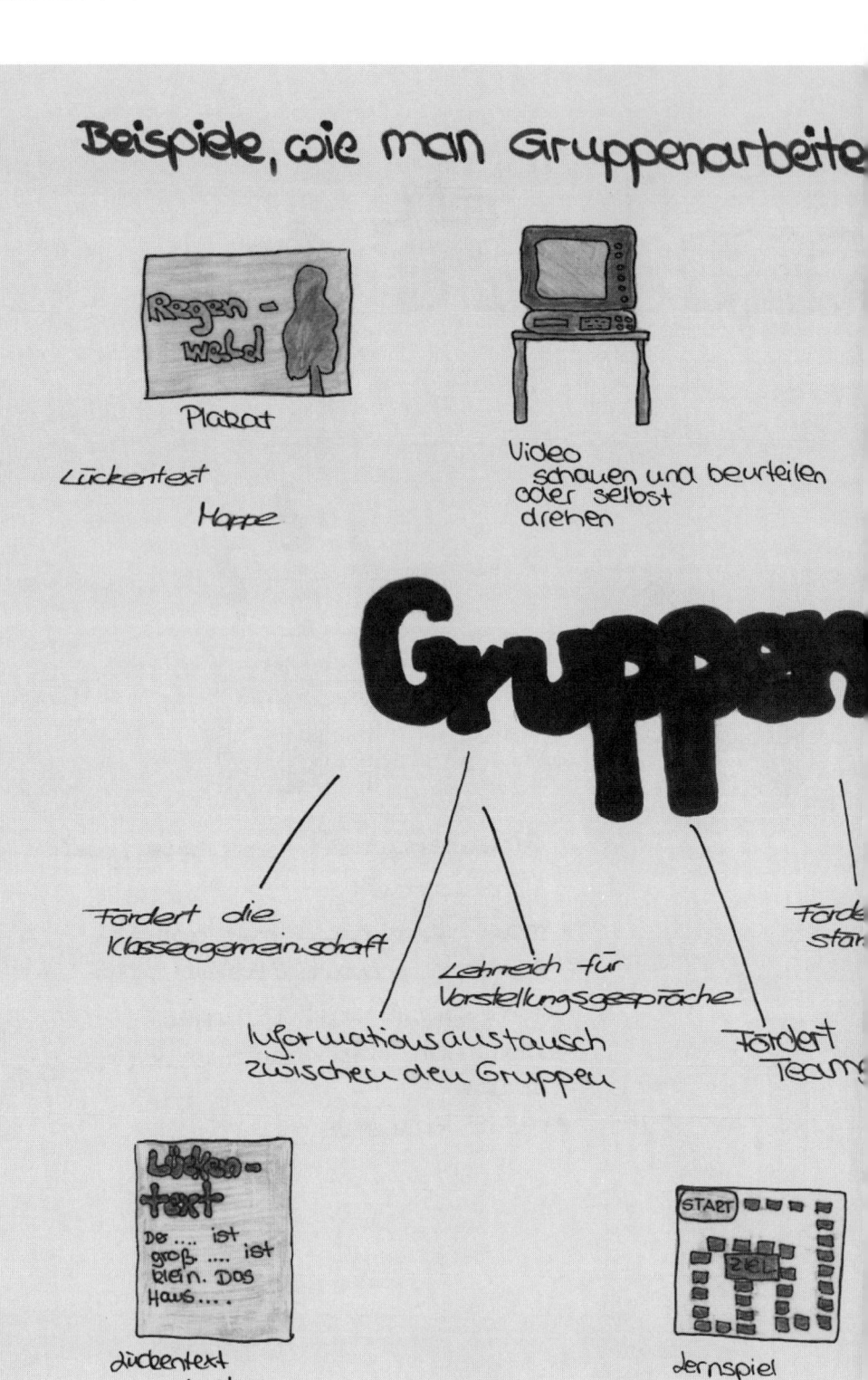

Beispiele, wie man Gruppenarbeite[n]

Plakat

Lückentext

Mappe

Video schauen und beurteilen oder selbst drehen

Gruppen[arbeit]

- Fördert die Klassengemeinschaft
- Lehrreich für Vorstellungsgespräche
- Informationsaustausch zwischen den Gruppen
- Fördert stär[ken]
- Fördert Team[arbeit]

Lückentext
Das .... ist groß .... ist klein. Das Haus ....

Lückentext schreiben

Lernspiel

Selbstständigkeit fordern und fördern

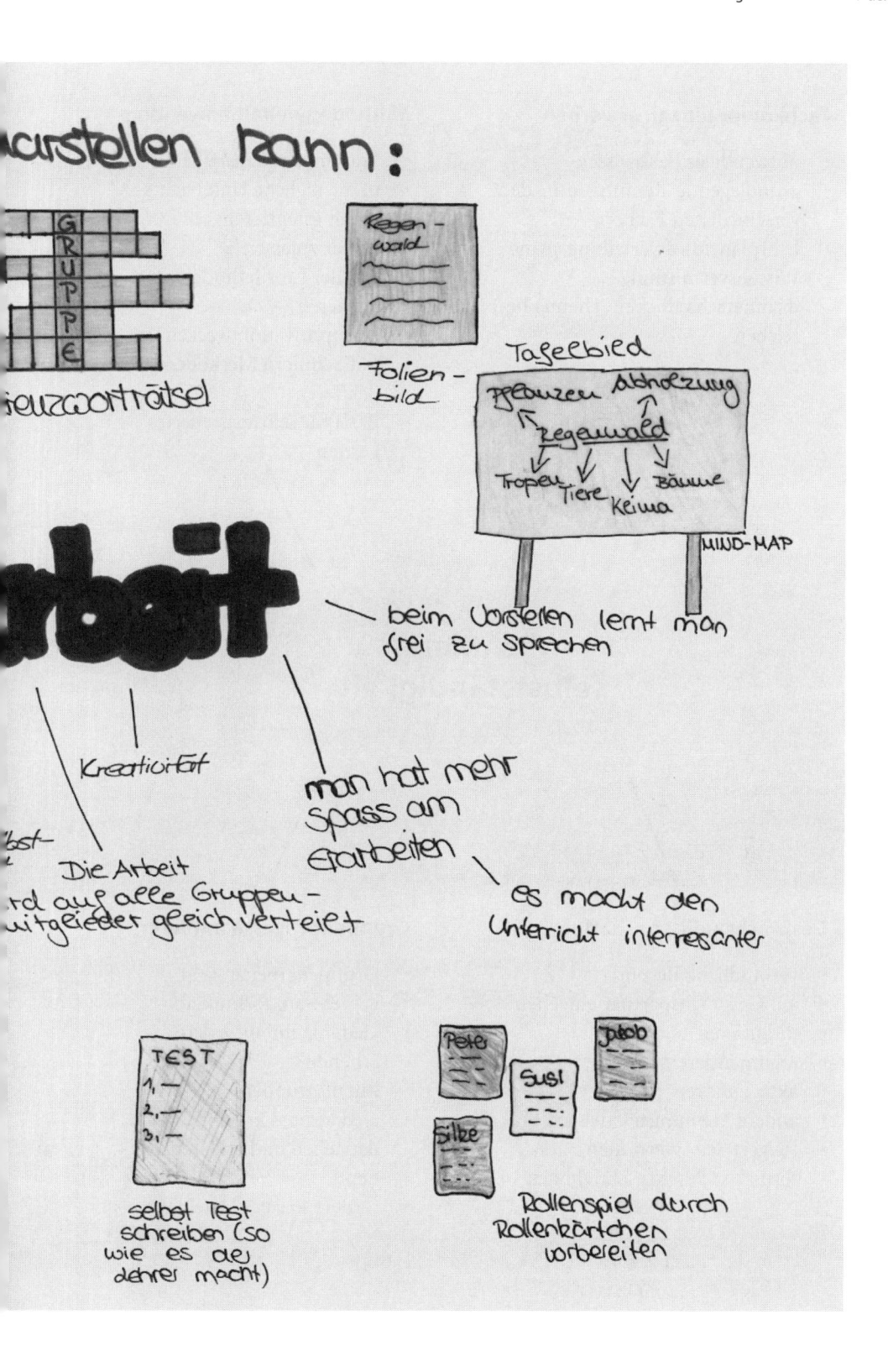

...vorstellen kann:

GRUPPE – Kreuzworträtsel

Folienbild (Regenwald)

Tafelbild – MIND-MAP
(Pflanzen, Abholzung, Regenwald, Tropen, Tiere, Klima, Bäume)

Arbeit
- Kreativität
- Die Arbeit wird auf alle Gruppenmitglieder gleich verteilt
- beim Vorstellen lernt man frei zu sprechen
- man hat mehr Spaß am Erarbeiten
- es macht den Unterricht interessanter

TEST
1. —
2. —
3. —
selbst Test schreiben (so wie es der Lehrer macht)

Peter, Jakob, Susi, Silbe
Rollenspiel durch Rollenkärtchen vorbereiten

Fachkompetenzen erwerben

- notwendiges Basiswissen
- grundlegende Kenntnisse in den verschiedenen Fächern
- Lehrpläne/Stoffverteilungspläne
- Wissensvermittlung in unterschiedlichen Themenbereichen

Methodenvielfalt anwenden

- Trainingstage installieren
- in die tägliche Unterrichtsarbeit integrieren
- Fehler zulassen
- Schüler für Methoden sensibilisieren
- Lernmotivation wecken
- mit Schülern Methoden reflektieren
- Basis für selbstgesteuertes Lernen

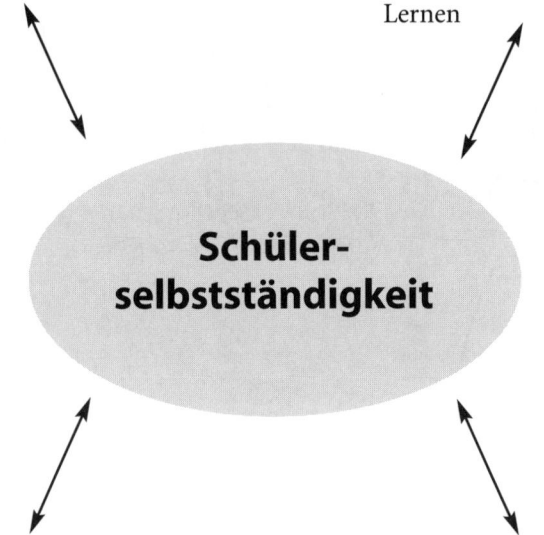

Schülerselbstständigkeit

Gesprächsanlässe schaffen

- verbindliche Regeln
- auf Gesprächspartner eingehen
- diskutieren
- argumentieren
- aktiv zuhören
- andere Meinungen zulassen
- steigert Selbstvertrauen
- fördert sachlichen Durchblick

Gruppenprozesse initiieren

- Gruppenarbeitsregeln
- gemeinsam formulieren
- „Jeder kann mit jedem arbeiten"
- Zufallsgruppen
- „Jeder muss Ergebnisse darstellen und erklären können"
- fördert soziales Miteinander

What I hear — I forget!

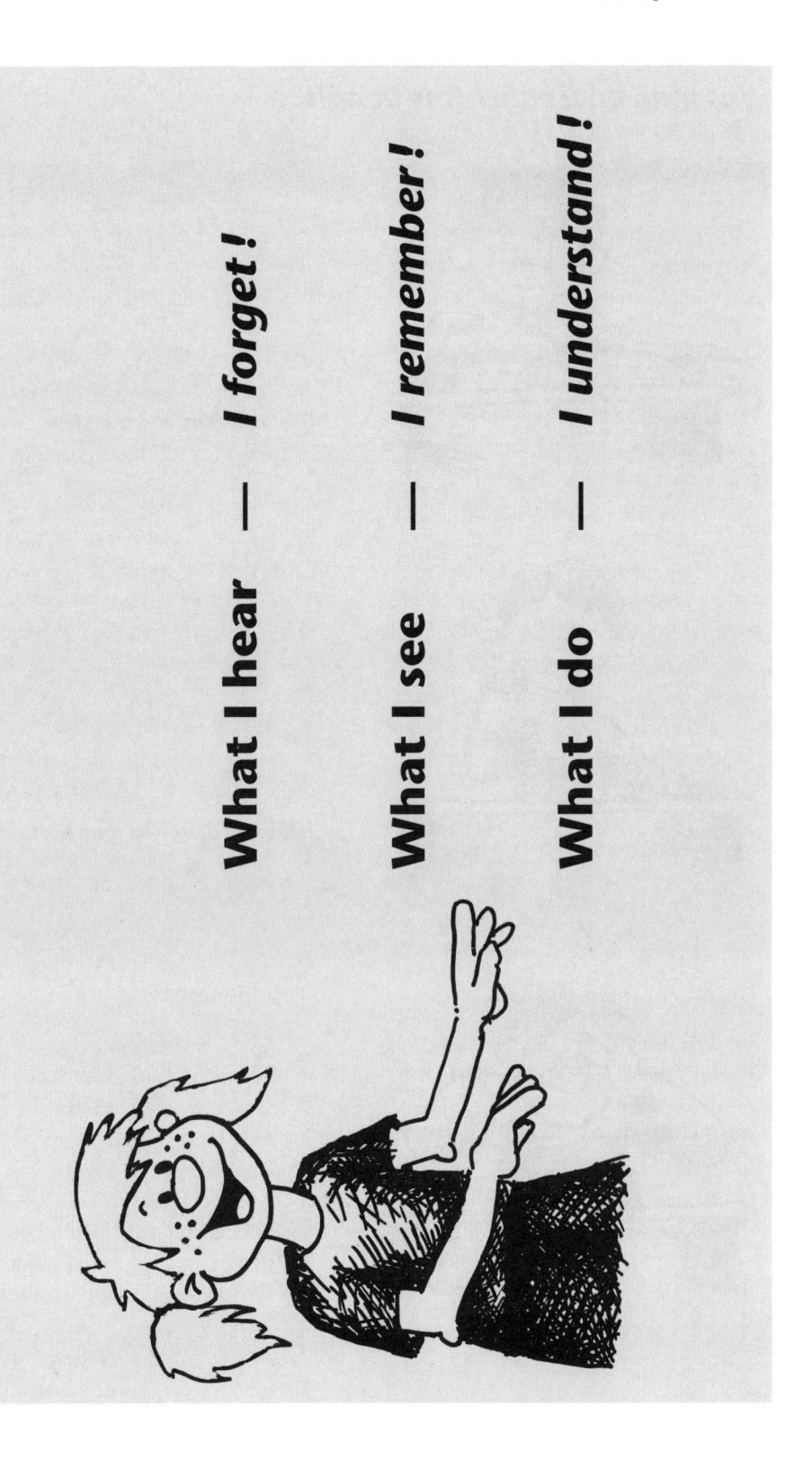

What I see — I remember!

What I do — I understand!

Was man im Gedächtnis behält ...

10% von dem, was man liest

20% von dem, was man hört

30% von dem, was man sieht

Selbstständigkeit fordern und fördern **23**

50% von dem, was man hört und sieht

70% von dem, was man sagt

90% von dem, was man selbst tut

ABC-Methode

ZIEL
- *Sammlung von Begriffen*
- *Fachausdrücke zum Thema*
- *Wiederholung wichtiger Termini*

BESCHREIBUNG

Im ersten Arbeitsschritt erhalten die Schülerinnen und Schüler ein Blatt, auf dem die Buchstaben des Alphabets senkrecht untereinander gesetzt sind (siehe Abbildung). Nun müssen sie zu den verschiedenen Buchstaben in Einzelarbeit wichtige Ausdrücke zum vorgegebenen Themenfeld finden und schriftlich fixieren. *Im zweiten Arbeitsschritt* vergleichen, ergänzen und besprechen die Schülerinnen und Schüler die notierten Wörter in Partnerarbeit und verständigen sich auf je vier Begriffe, die farbig umkreist werden. *Im dritten Arbeitsschritt* werden sodann mehrere Zufallsgruppen gebildet, deren Mitglieder die vorliegenden Fachbegriffe nochmals vergleichen und diese dann in eine plausible Rangfolge bringen. Gruppensprecher präsentieren dann die Ergebnisse im Plenum. Rückfragen aus anderen Gruppen, Kommentare, Diskussionen und ergänzende Beiträge der Lehrerin/des Lehrers runden das Bild ab.

CHANCEN
- ☺ Spielerisches Umgehen mit wichtigen Fachtermini.
- ☺ Zu den meisten Buchstaben finden die Schüler/innen Begriffe; dieses Erfolgserlebnis motiviert.

SCHWÄCHEN
- ☺ Zu einigen Buchstaben lassen sich nur sehr schwer Begriffe finden (x, y). Die Lehrperson kann aber erlauben, dass jeder Schüler/jede Schülerin drei Buchstaben streichen darf.

WEITERARBEIT
- ⇨ Verknüpfung mit der Methode „Wortcollage"
- ⇨ Verknüpfung mit der Methode „Zielscheibe"

MÖGLICHE THEMEN
- ⇨ Alle Sachthemen (historisch, praktisch, anthropologisch, ethisch etc.), z. B. ABC der Freundschaft (s. Beispiel), ABC der Französichen Revolution, ABC der Demokratie, ABC of animals, ABC of music, Lerntipps von A–Z etc.

SONSTIGES

ABC-Methode

Das „ABC" der Freundschaft

Versuche dein persönliches (oder mit deinem Partner ein gemeinsames) „ABC" der Freundschaft herzustellen, indem jedem Buchstaben Begriffe zugeordnet werden, die etwas mit dem Thema „Freundschaft" zu tun haben:

A-
B-
C-
D-
E-
F-
G-
H-
I-
J-
K-
L-
M-
N-
O-
P-
Q-
R-
S-
T-
U-
V-
W-
X-
Y-
Z-

Abfallmontage

ZIEL	• *Kreatives Schreiben* • *Freude am Formulieren und Beschreiben*
BESCHREIBUNG	Ein Artikel aus einer Zeitung oder Zeitschrift wird ausgewählt und in verschiedene Bestandteile (Sätze, Teilsätze, Wörter) zerschnitten. Alle Bausteine werden gemischt und in einen Umschlag gesteckt. Jeder Schüler/jede Schülerin zieht eine (vorher festgelegte) Anzahl von Schnipseln und muss aus diesen Elementen eine Geschichte schreiben.
CHANCEN	☺ Der Kreativität werden nahezu keine Grenzen gesetzt. ☺ Das Schreiben wird als ein spielerischer Prozess erfahren.
SCHWÄCHEN	☹ Es sollte eine gewisse Textlänge vorgegeben werden, damit die Schülerinnen und Schüler ein Minimum an Sätzen erfüllen.
WEITERARBEIT	⇨ Indem die Schülerinnen und Schüler abwechselnd Wörter/Sätze ziehen und schreiben, können sie einen gemeinsamen Partner- oder Gruppentext kreieren.
MÖGLICHE THEMEN	⇨ Alle Text- und Themenvorgaben sind denkbar.
SONSTIGES	Als Variante kann gefordert werden, dass die Wörter in der gezogenen Reihenfolge verwendet werden. Auch kleine Gedichte können entstehen.

Arbeitsanweisungen genau ausführen

ZIEL
- *Exaktes Ausführen von Arbeitsaufträgen*
- *SchülerInnen zum genauen Lesen motivieren*

BESCHREIBUNG Zunächst gibt die Lehrkraft vor, einen zeitlich begrenzten Test zu schreiben, der den Schülerinnen und Schülern zeigen soll, wie belastbar sie in einer solchen Situation sind. Während dieser Übung, die in Einzelarbeit stattfindet, darf nicht gesprochen werden. Die Schülerinnen und Schüler erhalten dann einen Text mit Arbeitsaufträgen, die der Reihe nach ausgeführt werden sollen (siehe folgende Seite). Die Lehrkraft betont die Notwendigkeit, alle Aufgaben zunächst genau durchzulesen, um sie erst dann auszuführen.
Einigen wenigen SchülerInnen gelingt es erfahrungsgemäß diesen Test den Anweisungen gemäß zu bewältigen, d.h. sie führen letztlich Anweisung Nummer zwölf korrekt aus.
Alle anderen Schülerinnen und Schüler sollen durch diese Übung zu der Erkenntnis gelangen, dass es überaus sinnvoll ist, Anweisungen zunächst in Ruhe zu lesen und erst dann zu befolgen und nicht in Hektik zu verfallen- dies gilt auch vor allem bei Klassenarbeiten.

CHANCEN
- ☺ Die Schülerinnen und Schüler merken, dass es immer sinnvoll ist, Ruhe zu bewahren und Aufgabenstellungen exakt auszuführen.
- ☺ Diese Erkenntnisse werden erfahrungsgemäß bei Tests und Klassenarbeiten berücksichtigt.
- ☺ Diese drei Minuten lohnen sich mehr als lange Ausführungen der Lehrkraft zu dieser Thematik. Die Schülerinnen und Schüler lernen aus ihren Fehlern.

SCHWÄCHEN
- ☹ Es ist notwendig, dass bei dieser Übung nicht geredet wird. Ansonsten wird die Lösung sofort von der ganzen Lerngruppe übernommen.
- ☹ Im Gegensatz zu anderen Arbeitsblättern sollte diese Aufgabe nicht im Klassenplenum vorgelesen und mit den Schülerinnen und Schülern gemeinsam besprochen werden, um den Überraschungseffekt nicht zu zerstören. Die Simulation einer realen Prüfung ist anzustreben.

Arbeitsanweisungen genau ausführen

☹ Da diese Übung auf einem „Aha-Effekt" basiert, ist es natürlich wenig sinnvoll, sie häufiger einzusetzen.

WEITERARBEIT ⇨ Eine Besprechung des Tests im Unterrichtsgespräch sollte sich anschließen. Auch zu Beginn einer Klassenarbeit oder schriftlichen Überprüfung kann die Lehrkraft nochmals auf diese Übung eingehen und den Schülerinnen und Schülern wichtige Hilfestellungen geben.

MÖGLICHE THEMEN ⇨ Für alle Fächer sinnvoll einsetzbar.

SONSTIGES Weitere Aufgabenstellungen können je nach Lerngruppe hinzugefügt werden. Es empfiehlt sich aber das Testverfahren nicht über fünf Minuten auszudehnen.
Gerade im Rahmen von (Methoden-) Trainingstagen zum Thema „Klassenarbeiten vorbereiten" lässt sich diese Aufgabe sehr gut einsetzen und besprechen.

Arbeitsanweisungen genau ausführen

--- TEST --- TEST --- TEST --- TEST --- TEST --- TEST --- TEST ---

Dieser Test dauert genau drei Minuten. Arbeite bitte sorgfältig!

1. Bevor du die Anweisungen ausführst, lies dir bitte alle Aufgaben sorgfältig durch.

2. Nimm dir bitte ein leeres Blatt Papier und lege es auf deinen Tisch.

3. Schreibe das heutige Datum rechts oben auf das Blatt.

4. Unterstreiche das Datum.

5. Schreibe deinen Namen links oben auf das Blatt.

6. Schreibe das A B C untereinander auf das Blatt.

7. Male einen Kreis um die Vokale.

8. Schreibe bei zehn verschiedenen Anfangsbuchstaben jeweils einen Tiernamen, der mit diesem Buchstaben beginnt, dahinter.

9. Rufe laut und deutlich deinen Vornamen.

10. Stehe auf, mache die Stimme eines deiner Tiere nach und setze dich dann wieder.

11. Fertige eine Zeichnung von einem deiner Tiere auf der Rückseite deines Blattes an.

12. Da du nun alle Anweisungen genau gelesen hast, führe bitte nur das aus, was in Nummer zwei und in Nummer fünf steht.

Vielen Dank.

--- TEST --- TEST --- TEST --- TEST --- TEST --- TEST --- TEST ---

Bildkartei

ZIEL
- *Jeder beteiligt sich kommunikativ.*
- *Mut machen zum freien Sprechen*

BESCHREIBUNG

Aus einer Fülle von Bildern, die der Lehrer ausgewählt hat, sucht sich jede Schülerin und jeder Schüler ein Bild aus, das ihm/ihr zu einer vorgegebenen Impulsfrage das meiste aussagt. Dies können sowohl positive als auch negative Assoziationen sein. Ein Beispiel für eine weit gestellte Impulsfrage wäre z. B. „Wie stellt ihr euch das Berufsleben heute vor?". Es geht hier um Assoziationen. Eine solche Themenstellung bedarf eines offenen Unterrichts: offen ist immer das Ergebnis, das damit erzielt wird. Man kann allenfalls ahnen, was dabei herauskommt. Das setzt Vertrauen voraus: Selbstvertrauen und Vertrauen in die Teilnehmer. Es gibt kein richtig und kein falsch. Dies erlaubt den Schülerinnen und Schülern, sich vollkommen angstfrei zu artikulieren. Offen bleibt letztlich auch, was die Teilnehmer mit und aus dem Medium machen. Es weckt Eigeninitiative beim Einzelnen und in der Gruppe.

CHANCEN
- ☺ Jeder kommt zu Wort, in kleinen Murmelphasen können die Schüler zunächst Sicherheit gewinnen.
- ☺ Die Präsentationen der einzelnen Bilder sind sehr einfach, den Satz „Ich habe das Bild ausgewählt, weil ..." schafft jedes Kind/jeder Jugendliche.
- ☺ Der Lehrer befindet sich in der Moderatorenrolle oder ist überhaupt nicht im Unterricht präsent, die Schülerinnen und Schüler sind aktiv.
- ☺ Es ist eine sehr motivierende Methode, weil das Interesse an den Bildern und Karikaturen, die von den Mitschülern ausgewählt wurden, erfahrungsgemäß in einer Lerngruppe sehr hoch ist.

SCHWÄCHEN
- ☹ Es ist unbedingt darauf zu achten, dass Regeln eingehalten werden, dass Schülerinnen und Schüler beim Vortragen und Vorstellen von Bildern genau zuhören und nicht einige Schüler bei manchen Bildern negative Aussagen treffen oder gar Mitschüler auslachen.

Bildkartei

☹ Das umfangreiche Material muss sich zunächst erarbeitet werden, hierbei können sich aber auch Kolleginnen und Kollegen zusammentun und gemeinsam eine Bildkartei erstellen.

WEITERARBEIT

⇨ Aktives Zuhören: Die Bilder werden wieder eingesammelt und man muss zusammenfassen, was der Vorredner zu seinem Bild gesagt hat.
⇨ Nach der Vorstellung werden die jeweiligen Bilder auf den Boden gelegt, so können interessante Gesamtbilder oder auch Pro- und Contra-Tabellen entstehen.
⇨ Bilder können mit Farben neu gestaltet und bestimmte Teile der Bilder hervorgehoben werden.
⇨ Collage
⇨ Wandzeitung
⇨ Bilder mit Liedern/mit Musik zum Sprechen bringen
⇨ Perspektivenwechsel, (sich in eine Figur eines Bildes hineinfühlen und Gedanken äußern)
⇨ Bilder clustern
⇨ Oberbegriffe finden (Überschriften)
⇨ Tagebuch schreiben, (ein Protagonist eines Bildes fasst den Tagesablauf nochmals in seinem Tagebuch zusammen)
⇨ Zwei Bilder „treffen sich" und bilden zusammen eine Geschichte.
⇨ Bildfolgen von mehreren Bildern werden zu einem Text verarbeitet.
⇨ Ein Schüler berichtet zu Hause am Mittagstisch, so kann die Bildkartei zu einem Rollspiel führen.
⇨ Bildgeschichten werden erstellt.
⇨ Standbilder stellen Inhalte der Bilder nochmals nach somit können Folgesituationen transparent gemacht werden.
⇨ Mit Sprech-. und Denkblasen arbeiten und somit die Figuren der Bilder zum Agieren bringen.
⇨ Emotionen um Bilder herum als mind map äußern.
⇨ Kreatives Schreiben: Den Schülern Hilfen an die Hand geben und zu den vorgestellten Bildern schreiben las-

Bildkartei

sen. Hier kann man mit Wortanfängen arbeiten: Ich sehe..., ich fühle..., ich wünsche..., ich denke... (siehe Methode „Gedanken zu einem Bild").

⇨ Sehr gut einsetzbar als brain storming in der Erarbeitungsphase, aber auch als Sicherung, wenn mit bildhaftem Material oder bildhaften Inhalten in einer Unterrichtsreihe gearbeitet wurde.

MÖGLICHE THEMEN
⇨ So sehe ich Schule und Unterricht heute
⇨ Liebe ist ...
⇨ Assoziationen zur Umweltverschmutzung
⇨ So stelle ich mir die Berufs- und Arbeitswelt vor
⇨ Sobald SchülerInnen im affektiven/emotionalen Bereich Stellungnahmen abgeben sollen, eignet sich diese Methode.

SONSTIGES Um allen SchülerInnen die Möglichkeit zu geben, jedes Bild zu sehen, ist der Stuhlkreis die geeignetste Sitzform. Interessant ist es, wenn Schüler eigene Bilder gestalten oder eigene Bilder zu einer Thematik mitbringen (z. B. beim Thema Liebe, Freundschaft). Es kann genauso wie mit Bildern auch mit Gegenständen gearbeitet werden. Nach einem Betriebspraktikum macht es z. B. sehr viel Sinn Schülerinnen und Schülern Gegenstände (Zeichnungen aus dem Kindergarten, ein eigenes gestaltetes Holzwerk etc.) mitbringen zu lassen und an Hand dieses Gegenstandes der Klasse vom Betriebspraktikum zu erzählen. Die Bildkartei ist ein sehr offenes Medium, insofern müssen sich der Lehrer und die Mitschüler bei Präsentationen zurückhalten. Fragen zu bestimmten Bildern sind erlaubt, sollten aber erst nach der gesamten Präsentation erfolgen. Wichtig ist es, Zeit zu lassen, denn nichts ist unbefriedigender, als wenn einige Schülerinnen und Schüler sich ein Bild ausgewählt haben, sich Gedanken zu diesem Bild gemacht haben und es dann nicht im Plenum vorstellen können.

Bildkartei

Brief an Schüler

ZIEL	• *Zum Schreiben motivieren*
BESCHREIBUNG	Indem der Lehrer einen Brief an seine Schülerinnen und Schüler schreibt, zeigt er, dass ihm einiges an der behandelten Thematik liegt – so viel, dass er sich nachmittags hinsetzt und seine Gedanken niederschreibt. Natürlich hat ein solcher Brief Aufforderungscharakter, er will beantwortet werden. Diese Motivation kann noch verstärkt werden, wenn im Brief Fragen formuliert werden und eine direkte Anrede erfolgt. Man kann mit dieser Methode den Schülern auch die Möglichkeit geben, eine Unterrichtsreihe zu reflektieren und gegebenenfalls Verbesserungsvorschläge zu machen.
CHANCEN	☺ Hoher Motivationscharakter. ☺ Jeder Schüler/jede Schülerin kann sich (z. B. mit Vorschlägen) einbringen. ☺ Schüler werden an der Gestaltung des Unterrichts beteiligt. Erfahrungsgemäß erhält man von der Lerngruppe ernstgemeinte und detaillierte Rückmeldungen.
SCHWÄCHEN	☹ Nur punktuell einzusetzen. Bei zu häufiger Verwendung erlischt das Interesse der Schülerinnen und Schüler, den Brief zu beantworten.
WEITERARBEIT	⇨ In Kleingruppen aus verschiedenen Vorlagen einen gemeinsamen Text verfassen.
MÖGLICHE THEMEN	⇨ Als Rückmeldung auf Unterrichtsstunden und -einheiten einzusetzen. ⇨ Nachdenken über das Miteinander-Umgehen innerhalb der Klasse. ⇨ Methoden-/Sozialformenreflexion ⇨ Ein Brief kann auch als Gedicht formuliert werden (siehe „Rundbrief" an alle Tiere), die Schülerinnen und Schüler antworten mit kleinen Gedichten.
SONSTIGES	Jeden Schüler mit Namen anzuschreiben und den Brief auch im Briefumschlag auszuteilen, weckt Interesse und verstärkt die positive Lernatmosphäre.

Brief an Schüler

Washington, den 30. Januar 2001

Hallo Uli,

gerade habe ich in unserer Zeitung gelesen, dass an den Schulen in Deutschland verstärkt Gruppenarbeit im Unterricht stattfindet. Bei uns in Amerika ist das ja schon seit längerer Zeit der Fall und zwar mit großem Erfolg.

Ich dachte immer, in Deutschland würde der Spezialist geschätzt, der allein seine Arbeit ordentlich und sauber erledigt. Und jetzt erfahre ich, dass sogar Betriebe verstärkt auf Teamwork setzen.

Wie wird denn in deiner Schule unterrichtet und macht dir das Lernen Spaß? Springt in der Schule auch etwas für dich raus oder lernst du nur für gute Noten, weil man die ja für den Beruf braucht?

Ich bin neugierig auf deine Antwort. Du weißt ja, dass mich dieses Thema sehr interessiert. Ich freue mich auf deinen Brief. Grüße bitte deine Eltern herzlich von mir.

Bis bald, alles Liebe wünscht dir

Chris

P.S. In dem Artikel stand auch, dass teilweise die Gruppenzusammensetzung ausgelost wird, das kapiere ich allerdings nicht. Wozu soll das gut sein?

Brief an Schüler

Antworten (Schülerinnen einer 9. Klasse der Realschule)

Hallo Chris, Rülzheim, den 6. Februar 2001

hier ist nun die Antwort auf deinen letzten Brief, in dem ich dir jetzt einiges über die Teamarbeit in Deutschland erzähle. Bei uns wird schon in den Schulen mit verstärkter Gruppenarbeit begonnen. Man muss z. B. mit anderen Schülern eine Diskussion über ein bestimmtes, vorgegebenes Thema führen. Dabei muss man sich Pro und Contra überlegen, und die Sätze richtig zum Einsatz bringen. Außerdem lernt man dabei frei zu reden und sich durchzusetzen. Manchmal wird auch ein Referat in Gruppenarbeit bearbeitet. Jeder muss etwas dazu beitragen und die Gruppenmitglieder müssen sich einig sein, wie das Referat gestaltet wird. Hier spielt die Kommunikation eine große Rolle. Jetzt werde ich dir mal einiges über unser Methodentraining erzählen, welches wir vor ca. vier Wochen zwei Tage lang bei unserem Klassen- bzw. Deutschlehrer durchführten.

Als erstes begannen wir mit dem Thema „Wie sehe ich meine Schule". Daraufhin musste sich jeder ein Bild oder eine Karikatur aussuchen und kurz erläutern, warum er dieses Bild ausgesucht hat und was dieses Bild aussagen könnte. Danach bekamen wir die Frage gestellt, ob das Rauchen an Schulen erlaubt werden soll oder nicht, worüber wir dann eine längere Diskussion führten. Während diesen und noch weiteren Übungen, saßen auch immer einige Lehrer dabei, die sich dafür interessierten, um es vielleicht auch in ihren Klassen einmal durchzuführen. Soweit zu Teamwork in den Schulen.

Auch bei vielen Vorstellungsgesprächen steht das miteinander Reden an erster Stelle. Daran können die Betriebe erkennen, wer welche Ansichten hat und ob man seine Meinung sachlich, klar und deutlich ausdrücken kann, oder ob gleich Chaos ausbricht, wenn die Meinungen untereinander verschieden sind.

So, das war's für heute. Falls du noch Fragen dazu hast, schreibe sie einfach in deinem nächsten Brief.

Bis bald
Miriam

Brief an Schüler

Hallo Chris,   Herxheim, den 10. Februar 2001

Ja, das was du über deutsche Schulen und Gruppenarbeit gehört hast, stimmt zum Teil. Vor geraumer Zeit wurde vor allem der Einzelkämpfer und Spezialist und nicht das Team geschätzt. Jetzt hat es sich aber schon so entwickelt, dass öfters mal Gruppenarbeit gemacht wird. Also ich persönlich, finde das mega, da ich so viel besser arbeiten kann und mir meistens gute Noten hole. Es wird mehr auf deine Meinung Wert gelegt, und das kommt sehr gut. Es gibt natürlich immer wieder Schüler und Schülerinnen, die das Ganze nicht ernst nehmen, aber das wirkt sich ja dann auf ihre Note aus und da sind mit der Zeit alle dahinter gekommen. Bei uns freut sich eigentlich jeder, wenn er das Wort „Gruppenarbeit" hört. Denn man weiß sofort, wir werden frei arbeiten (dies ist nicht so langweilig, wie wenn der Lehrer die ganze Zeit redet und alles an die Tafel schreibt) und man kann sich durch Fleiß eine gute Note holen. Ich glaube, die Lehrer haben es dadurch auch einfacher. Sie sehen, wer seine Arbeit erledigt und wer nicht. Ich denke mal, dass sie wollen, dass wir mal was alleine tun für die Schule.
Für manche Jugendliche kann das auch für ihre spätere berufliche Ausbildung nützen und auch für Vorstellungsgespräche wichtig sein.

So, ich hoffe, dass ich dich einigermaßen aufklären konnte.

Servus

Deborah

PS. Von mir aus könnte der Unterricht nur aus Gruppenarbeit bestehen.

Rundbrief an alle Tiere

Ich habe Euch Neuigkeiten mitzuteilen:
Es werden kommen große Wassermassen,
die keine Ländereien trocken lassen;
kurzum: wir müssen uns beeilen!

Für mich stellt sich nun eine Frage:
ich muss eine Auswahl treffen – das ist klar.
Von jeder Tierart nehm' ich nur ein Paar.
Da hilft kein Weinen, keine Klage.

Bitte helft mir bei meiner Wahl,
bewerbt euch schriftlich und zwar noch heute,
ihr macht mir damit eine große Freude
und erleichtert so meine Qual:

Sonderwünsche sind auch erlaubt,
ob saubere Kajüte oder lieber verstaubt,
ob Doppelzimmer oder ganz allein.
Nachbar von Wal, Sperling oder Schwein,
Frühstück mit Koala oder Boa?

Alles ist möglich!

Tschüß
Euer Noah

Brief an Schüler

Antworten (Schüler und Schülerinnen einer 5. Klasse der Realschule)

Nashörner sind groß und stark,
drum sie fast niemand gerne mag.
Sie brauchen viel zu essen – ja,
aber selbstverständlich ist das klar!
Ich möcht 'ne große Stallung haben,
ohne Ameisen, denn die plagen!
Ich möcht' allein sein, wenn's erlaubt
denn ich schnarche fürchterlich laut.

Rambo Nashorn
(Fabrizio)

Lieber Noah,

ich bin ein ausgesprochen hübsches Tier,
bewundernde Blicke folgen mir!
Ich brauch ein weiches Federbett,
eine Zofe wäre auch ganz nett.
Wegen der Sintflut verlass ich meine Villa.
Um angemessenen Unterschlupf
bittet

Gina Chinchilla
(Silvia)

Brief an Schüler

Lieber Noah,

ich bin doch viel zu jung zum Sterben,
und soll mein Bruder alles erben?
Wähle mich bitte aus meiner Familie,
mich begleitet meine Frau Emilie.
Für Erdarbeiten hab' ich den Bogen raus

Dein *Erwin Erdferkel*
und Dank im Voraus
(Claudia)

Lieber Noah,

ich hoffe ich bin der Erste meiner Sorte,
lebe an einem kalten Orte,
darum benötig' ich eine Klimaanlage,
ich hoffe das mach dir nicht allzu viel Plage.

Ich watschel den weiten Weg zu dir hin
zum Dank verpflichtet
Pius Pinguin
(Sarah)

Ein Stunk bin ich und stinke gut.
Doch wenn da kommt die große Flut,
da hab ich Angst und werd ganz klein
und mummel mich zu Roswitha Schwein.
Sie riecht soo gut, genau wie ich.
Noah, drum bitt' ich dich,
lass mich zu Roswitha Schwein
dann kann ich nur noch glücklich sein!

Mufi Stunk
(Fabian)

Brief an Schüler

Collage

ZIEL
- *Kreatives Erschließen eines Themas*
- *Präsentieren von fachlichen Inhalten*

BESCHREIBUNG

Collagen können in jeder Sozialform erarbeitet werden: In Einzelarbeit und Arbeitsgruppen (Partnerarbeit, Kleingruppe, Großgruppe). Man kann still arbeiten, nur Bilder aussuchen, diese ausschneiden und arrangieren; man kann sie mit Worten und Texten kombinieren, mit Sprechblasen und Denkblasen versehen; man kann bei der Arbeit schweigen oder aber viel dabei mit anderen sprechen, Gedanken austauschen, Absprachen treffen. Man kann mit konkreten Materialvorgaben arbeiten (Illustrierte, Prospekte, Broschüren) oder mit abstrakten Materialien (Buntpapier).

Collagen werden zumeist in Kleingruppen erstellt, von etwa 3–5 Teilnehmer/innen. Größer sollten die Gruppen nicht sein, da sonst nicht jeder Teilnehmer/jede Teilnehmerin zum Zug kommt oder einzelne sich zu sehr durchsetzen.

Die Schüler/innen teilen sich in Kleingruppen auf. Jeder Einzelne erhält zunächst eine Illustrierte. Zuerst wird Material gesammelt: Geeignete Bilder und eventuell Texte werden ausgeschnitten. Die Kleingruppe sichtet und sortiert das Material, entscheidet, womit weitergearbeitet wird, sucht eventuell in neuem Grundmaterial weitere Bilder. Das Material wird bearbeitet (ausreißen, ausschneiden, ausmalen). Jede Gruppe bekommt einen großen Plakatbogen, skizziert das Arrangement, sucht (falls nötig) nach weiterem Material bei anderen Gruppen oder in zusätzlichen Grundmaterialien. Nachdem das Arrangement durchdacht ist, wird aufgeklebt. Die fertige Collage wird mit Texten versehen oder die Gruppe kommentiert auf einem gesonderten Schriftplakat. Alle Collagenkommentare werden gut sichtbar für die Gesamtgruppe aufgehängt.

CHANCEN
- ☺ Ein emotionaler Zugang zum Thema wird ermöglicht.
- ☺ Phantasie und kreative Energie wird freigesetzt.
- ☺ In allen Phasen des Lernprozesses einsetzbar, immer dann, wenn Visualisierungen angebracht sind.

Collage

☺ Der Umgang mit dem Material (aussuchen, ausschneiden, arrangieren, aufkleben, kommentieren) lässt dem einzelnen Schüler Raum zur persönlichen Auseinandersetzung mit dem Thema.
☺ Es werden Kopf, Herz und Hand einbezogen.

SCHWÄCHEN

☹ Hoher Zeitaufwand. Der Lehrer muss viele Materialien bereit stellen (Packpapier, Illustrierte, Zeitungen, Kleber, Scheren etc.).

WEITERARBEIT

⇨ Auswertung im Plenum: Beobachtungen, Vergleiche, Zustimmung, Widersprüche werden gesammelt. Zuerst äußern sich die Betrachter, dann die Verfasser der jeweiligen Collage.
⇨ Man sollte genügend Zeit und Raum geben, um über die Zusammenarbeit in der Gruppe zu reden und zu reflektieren.

MÖGLICHE THEMEN

⇨ Problem-Collage: Eine bestimmte Frage wird genannt, die Collage liefert Lösungsansätze.
⇨ Kennenlern-Collage: Schüler stellen sich mit ihren Hobbys, Heimatorten, Lieblingstieren etc in einer Collage vor.
⇨ Biographie-Collage: Leben und Wirken einer Person werden visualisiert.
⇨ Kontrast-Collage: Gegensätze und Pro- und Contra-Argumente werden in einer Collage bearbeitet.
⇨ Offenes Thema: Mit einer offenen Impulsfrage („Was ist mir wichtig?"; „Welches Problem muss dringend gelöst werden?") werden die Schüler konfrontiert. Die Kleingruppen einigen sich auf ein Themenfeld und stellen es in der Collage dar.

SONSTIGES

Die Schülerinnen und Schüler können alte Illustrierte sammeln und mitbringen oder aber (als vorbereitende Hausaufgabe) nach thematischen Gesichtspunkten bereits eine Vorauswahl treffen.

Collage

Denkblatt

ZIEL	• *Brainstorming zu einem bestimmten Thema*
BESCHREIBUNG	Auf einem freien Blatt wird in der Mitte ein Wort/ein Begriff/ein Impuls geschrieben, z. B. der Begriff „Beruf". Die Schüler sollen unter der Fragestellung „Was fällt mir ein, wenn ich das Wort höre? Welche Bilder steigen in mir auf? An welche Erfahrung erinnere ich mich?" Antworten in Form eines Mind-Maps hineinschreiben. Es entstehen nach und nach Verzweigungen, die immer weiter gehen; Oberbegriffe, die sich in einzelne Begrifflichkeiten bis in eigene Erfahrungen gliedern lassen. Die Schüler können schreiben, malen, in Symbolen zeichnen, in Stichworten sammeln. Hierbei werden der Freiheit und der Kreativität der Schülerinnen und Schüler keinerlei Grenzen gesetzt.
CHANCEN	☺ Sehr kreative Methode, jeder kann seine Stärken ausspielen (zeichnen oder schreiben).
SCHWÄCHEN	☹ Zeitaufwändig.
WEITERARBEIT	⇨ Eine kleine Ausstellung ⇨ Museumsgang ⇨ In Gruppen arbeiten, sich gegenseitig die Denkblätter erklären, Fragen formulieren und Schlussfolgerungen ziehen.
MÖGLICHE THEMEN	⇨ Nahezu alle Themenbereiche, in denen Schülerinnen und Schüler bereits ein gewisses Vorwissen besitzen. ⇨ Provokante Thesen, die (je nach Einstellung) bejaht oder negiert werden können.
SONSTIGES	Es muss nicht unbedingt geschrieben werden, je nach Thematik eignen sich auch Zeichnungen, Symbole oder Bilder.

Denkblatt

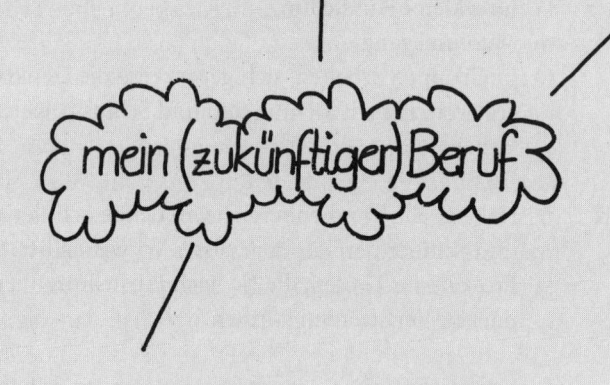

mein (zukünftiger) Beruf

Der große Preis

ZIEL
- *Zum Wiederholen, Üben und Festigen von Lerninhalten am Ende einer Lernsequenz*
- *Zur Wiederholung und Vorbereitung vor einer Prüfung*

BESCHREIBUNG

Mehrere Schlüssel- oder Oberbegriffe werden auf Kärtchen geschrieben und (entsprechend der abgebildeten Zeichnung) an der Tafel befestigt. An der linken Seite des entstehenden Rasters werden Kärtchen mit den Ziffern 20, 40, 60, 80 und 100 ausgehängt. Außerdem müssen passend zu den aushängenden Oberbegriffen Fragekärtchen mit den entsprechenden Antworten auf der Rückseite erstellt werden. Die Zuordnung dieser Fragekärtchen zu den betreffenden Oberbegriffen erfolgt später so, dass Aufgaben mit ähnlichem Schwierigkeitsgrad der gleichen Punktzahl im abgebildeten Schema zugeordnet werden.

Im ersten Arbeitsschritt werden mehrere Zufallsgruppen gebildet, die die Aufgabe erhalten, einschlägige Fragen zum Themengebiet zu sammeln, diese auf Kärtchen zu schreiben und nach Schwierigkeitsgraden zu ordnen. Danach sammelt der Lehrer/die Lehrerin die erstellten Fragekärtchen ein und klebt diese in das bestehende Schema an die Tafel. Nun beginnt die Spielphase: Ein erster Schüler nennt einen Oberbegriff und eine Zahl. Das entsprechende Fragekärtchen wird vorgelesen. Wer die Antwort weiß, meldet sich und nennt die Lösung. Ist die Antwort richtig, so erhält er die entsprechende Punktzahl. Wird die Frage falsch beantwortet, so können sich andere Schüler/innen melden und sich an der Beantwortung versuchen. Hierbei gilt: Wer zuerst aufzeigt, darf als erster antworten. Derjenige, der die Frage richtig beantwortet hat, darf die nächste Aufgabe auswählen usw. Sieger ist, wer am Ende die meisten Punkte gesammelt hat. Abgerundet wird dieses Quiz mit ergänzenden Hinweisen und Erläuterungen der Lehrperson.

CHANCEN
- ☺ Der spielerische Charakter des Quiz weckt Motivation.
- ☺ Mit bekannten Lerninhalten wird sich intensiv fachlich auseinandergesetzt.
- ☺ Das Durcharbeiten in Frage- und Antwort hilft Lücken zu schließen.

Der große Preis

SCHWÄCHEN	☹ Recht aufwendiges Verfahren.
	☹ Die Einteilung der Fragen in verschiedene Schwierigkeitsgrade ist für viele Schüler/innen nicht einfach.
WEITERARBEIT	⇨ Neue Fragen formulieren und das Quiz in Kleingruppen durchspielen.
	⇨ Einen Text in Partner- oder Gruppenarbeit auf der Basis der Wissensfragen erstellen.
MÖGLICHE THEMEN	⇨ Alle Sachgebiete
	⇨ Mathematikaufgaben
	⇨ Fragen oder Beschreibungen für Vokabeln im Fremdsprachenunterricht
SONSTIGES	Man kann auch kleine Teams bilden, die gegeneinander spielen und sich gemeinsam Punkte erarbeiten.

Domino

ZIEL
- *Wiederholungsübung mit Richtigkeitskontrolle, auch als Lese- und Sprechübung geeignet*
- *Zur Wiederholung umfangreicher Informationen*
- *Schon bei der Kärtchenbeschriftung als Frage/Antwort, Aussage/Negation oder als Synonyme wird Fachliches und Inhaltliches gelernt*
- *Es ist auch eine sprachliche Übung: Sprachlich muss sehr exakt gearbeitet werden*

BESCHREIBUNG
Es werden Kärtchen hergestellt: Jeweils eine Frage und eine Antwort werden auf einem Kärtchen fixiert, so dass die Antwort des ersten Kärtchens zur Frage des letzten Kärtchens passt. Man muss aufpassen, dass die Fragen so eindeutig gestellt sind, dass nur eine Antwort pro Frage stimmig ist.
Gegebenenfalls ist es sinnvoll, die Gruppe in verschiedene Kleingruppen aufzuteilen, die dann ein Kärtchensortiment herstellt. Für jede Gruppe muss daher ein Satz Kärtchen vorhanden sein. Diese müssen so angelegt werden, dass sich immer Passendes berührt. Am Schluss kann festgestellt werden, ob die Reihe stimmt, wenn das letzte Kärtchen zum ersten passt. Es muss sich also sozusagen ein Kreis von Fragen und Antworten entwickeln lassen.

CHANCEN
- ☺ Umfangreiche Lerninhalte können wiederholt werden.
- ☺ Es wird spielerisch wiederholt.
- ☺ Der Zusammenhang von Inhalten und Informationen wird veranschaulicht.
- ☺ Sprechängste werden verhindert.
- ☺ Die Teilnehmer können entsprechend ihrem Lerntempo die Lerninhalte wiederholen und müssen sich nicht nach dem vorgegebenen Tempo des Lehrers/der Lehrerin richten.
- ☺ Mögliche Wissenslücken können so aufgedeckt und nachgearbeitet werden.
- ☺ Es muss darauf geachtet werden, dass die Fragen eindeutig gestellt sind.

SCHWÄCHEN
- ☹ Da nur eine Antwort verschriftlicht werden kann, müssen Synonyme zugelassen werden. Ansonsten wird

Domino

diese Methode zu einem Ratespiel. Bei Unklarheiten oder Streitereien während des Spiels muss der Lehrer (oder ein eingesetzter Spielleiter) beratend eingreifen.

☹ Es muss sprachlich exakt gearbeitet werden; insofern ist es nicht für alle Schülerinnen und Schüler geeignet und kann eventuell zu Überforderungen führen.

WEITERARBEIT

⇨ Man kann Kärtchen auslosen. Ein Schüler liest die Frage vor und derjenige Klassenkamerad, der die Antwort auf seinem Kärtchen hat, meldet sich und trägt diese vor.

MÖGLICHE THEMEN

⇨ Alle Unterrichtsinhalte, die sich mit Fragen und Antworten wiederholen lassen.

SONSTIGES

Domino ist auch als Lese- und Sprechübung geeignet, indem z. B. im Fremdsprachenunterricht Bilder und entsprechende Wörter auf die Kärtchen geschrieben werden. In Mathematik können einfache Rechenaufgaben und die dazugehörenden Lösungen aufgeschrieben werden.

Domino

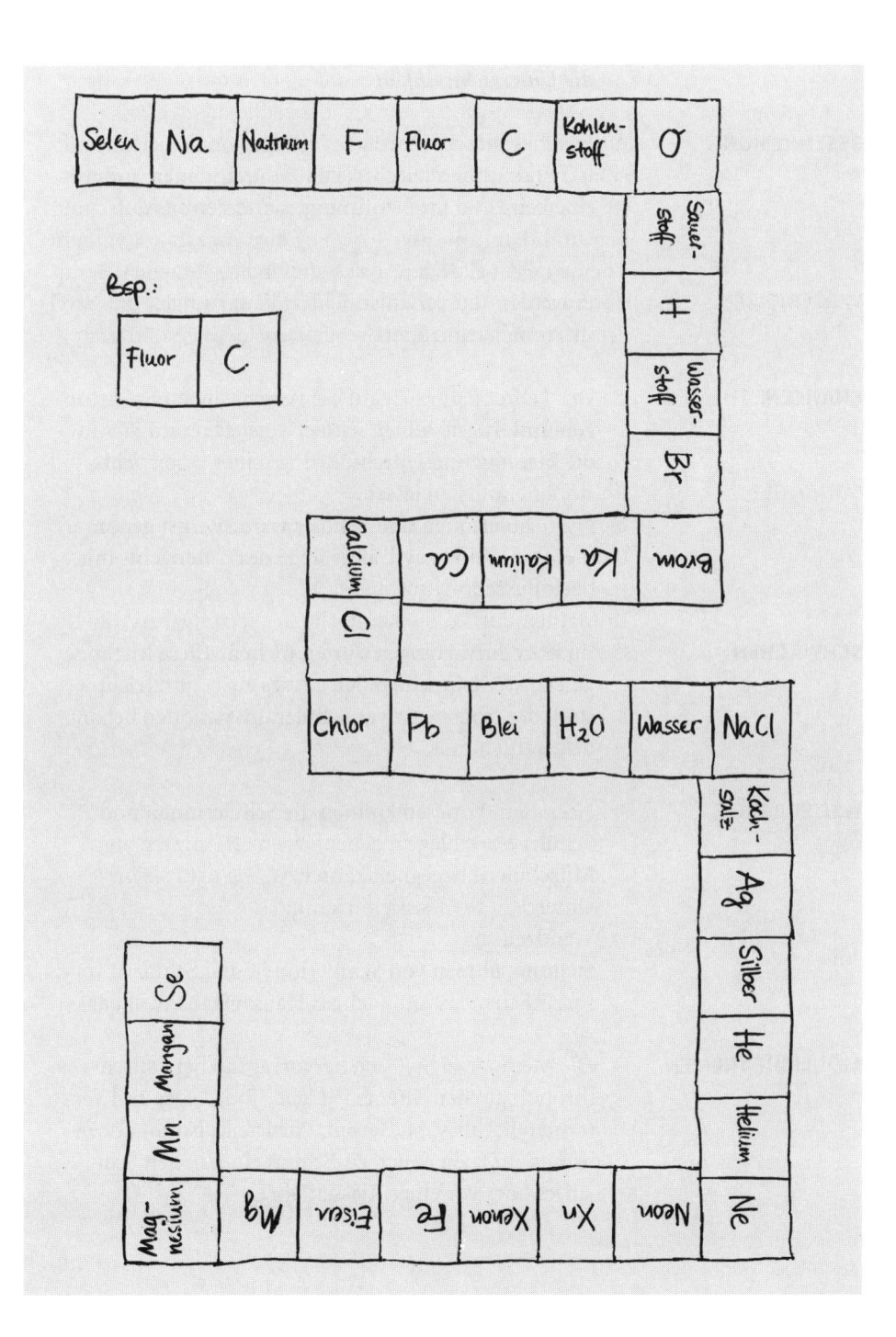

| Selen | Na | Natrium | F | Fluor | C | Kohlen-stoff | O |

Bsp.:
| Fluor | C |

Vertical chain down from O:
- Sauer-stoff
- H
- Wasser-stoff
- Br

| Calcium | Ca | Kalium | K | Brom |

| Cl |

| Chlor | Pb | Blei | H₂O | Wasser | NaCl |

Vertical chain down from NaCl:
- Koch-salz
- Ag
- Silber
- He
- Helium
- Ne

| Mag-nesium | Mg | Eisen | Fe | Xenon | Xe | Neon | Ne |

Vertical chain up on left:
- Se
- Mangan
- Mn

Erwartungen artikulieren

ZIEL	• *Sensibilisieren/Einstimmen auf das Unterrichtsthema/ die Unterrichtseinheit*
BESCHREIBUNG	Auf zwei verschiedenfarbigen Zetteln können die Schülerinnen und Schüler anonym ihre Befürchtungen und Ängste einerseits und ihre Hoffnungen andererseits aufschreiben und damit positive bzw. negative Assoziationen zum Themenfeld bekunden. Nach dieser individuellen Besinnung werden die verschriftlichten Erwartungen von zwei Schülern unkommentiert vorgelesen.
CHANCEN	☺ Der Lehrer kann sich auf die verschiedenen Erwartungen und Ängste seiner Schüler einstellen und dies in die Planung und Durchführung seines Unterrichtsstoffes einfließen lassen. ☺ Die Schülerinnen und Schüler werden ernst genommen, sie können evtl. aktiv Teile des Unterrichts mit beeinflussen.
SCHWÄCHEN	☹ Zu hohe Erwartungen dürfen nicht an diese Methode gesetzt werden; schließlich gibt es auch Unterrichtsstoff, der trotz negativer Schülerassoziationen behandelt werden muss.
WEITERARBEIT	⇨ Nach dem Vorlesen können die Schülerinnen und Schüler Vorschläge machen, wie man Ängsten von Mitschülern begegnen kann bzw. wie man sie im Unterricht thematisieren kann. ⇨ Wandzeitung ⇨ Stellungnahmen von Schülerinnen und Schülern verschriftlichen lassen (auch als Hausaufgabe denkbar).
MÖGLICHE THEMEN	⇨ Die Methode eignet sich hervorragend bei ethisch-anthropologischen Themen (Liebe, Tod, Angst und Vertrauen, Berufswahl, Gewalt, Vorurteile, Nationalsozialismus etc.), aber auch zu Beginn eines neuen Schuljahres oder vor einer Klassenfahrt.

Erwartungen artikulieren

SONSTIGES

Oftmals entwickelt die Lerngruppe Lösungswege, wie bestimmten negativen Assoziationen begegnet werden kann. Wenn möglich, sollte sich der Lehrer (zumindest ansatzweise) darauf einlassen; man kann auch von seinen Schülerinnen und Schülern lernen.

Erzählkette

ZIEL	• *Mut machen zum Reden* • *Auf Vorredner Bezug nehmen*
BESCHREIBUNG	Die Schüler/innen suchen aus einer Vielzahl von Fotos und Bildern diejenigen heraus, die sie am stärksten beeindrucken oder interessieren. Danach werden die Zeichnungen in der Lerngruppe ausgelost, so dass jeder Schüler/jede Schülerin ein Bild erhält. Der erste Schüler beginnt und erzählt den Beginn einer Geschichte, passend zu seiner Zeichnung. Der nächste Schüler setzt die Erzählung fort, indem er Personen, Gegenstände, Tiere etc. aus seinem Bild in die Handlung integriert etc. So entsteht nach und nach eine Geschichte mit mehreren Wendungen und Höhepunkten.
CHANCEN	☺ Man ist gezwungen, genau zuzuhören, um Wiederholungen zu vermeiden und um die „gedankliche Erzählkette" nicht zu sprengen. ☺ Durch das Aussuchen und Anschauen der Bilder werden Gedanken freigesetzt und Äußerungsmöglichkeiten geschaffen.
SCHWÄCHEN	☹ Durch zu viele neue Personen kann die Geschichte chaotisch werden. Insofern eignen sich Landschaftsbilder eher als Zeichnungen mit mehreren Protagonisten.
WEITERARBEIT	⇨ Überschriften formulieren lassen ⇨ Die Geschichte als Nacherzählung schreiben. ⇨ Perspektivenwechsel: Aus der Sicht einer Person die Handlung nochmals erzählen lassen.
MÖGLICHE THEMEN	⇨ Es muss nicht unbedingt ein thematisches Ziel formuliert werden; bei dieser Methode geht es um freies Äußern.
SONSTIGES	Man muss evtl. eine Zeitvorgabe setzen, ansonsten wird diese Methode zu langatmig und Spannungsmomente gehen verloren.

Expertenmethode

ZIEL
- *Schüler in der Expertenrolle berichten sich gegenseitig ihre Kenntnisse, nachdem zuvor die Expertengruppen die jeweilige Thematik gemeinsam bearbeitet haben.*

BESCHREIBUNG

Zunächst erfolgt eine Einteilung in Zufallsgruppen durch Auslosung von arbeitsteiligem Gruppenarbeitsmaterial. Die Schülerinnen und Schüler lesen zunächst den Text in Einzelarbeit, es folgt eine gemeinsame Textarbeit innerhalb dieser Stammgruppen. Man bespricht und diskutiert die wichtigsten Thesen und Inhalte des Textes, hält (evtl. schriftlich) fest, was an andere weitergegeben werden soll, die diesen Text überhaupt nicht kennen.

Durch Vergabe von farbigen Punkten (grün, gelb, rot, blau) entstehen neue Gruppen (Gruppe grün, Gruppe gelb, Gruppe rot, Gruppe blau), so dass jedes Kind mit einem roten Punkt in seine neue rote Gruppe geht, jedes Kind mit einem grünen Punkt in seine neue grüne Gruppe usw. Nun befindet sich jeweils mindestens ein Experte aus der Stammgruppe in einer neu zusammengesetzten Gruppe, in der jedes arbeitsteilige Arbeitsmaterial mindestens einmal vorhanden ist. Jeder Schüler stellt die Ergebnisse der gemeinsamen Gruppenarbeit der Stammgruppe den neuen Mitgliedern als Experte vor. Anschließend werden die arbeitsteiligen Themen miteinander verbunden und zu einem gemeinsamen Vortrag zusammengefasst.

CHANCEN
- ☺ Das angeeignete Wissen muss weitergegeben werden.
- ☺ Zuhören, selbstständiges Erarbeiten von Texten, freies Sprechen werden gefördert. Die Fähigkeit, Wichtiges von Unwichtigem zu trennen, wird trainiert.
- ☺ Es muss eine Kooperation zwischen den Partnern der gleichen Gruppe stattfinden, indem diskutiert wird, was als wichtigste Information und Inhaltskomponente weitergegeben werden soll.
- ☺ Die Kommunikation wird gefördert, Hemmungen werden abgebaut, weil man sich zunächst nur in kleinen Schülergruppen befindet und nicht im Klassenplenum sprechen muss.

Expertenmethode

☺ Alle sind aktiv, alle müssen sogar aktiv sein. Es entsteht ein positiver Zwang, so dass Schülerinnen und Schüler von Mitschülern aufgefordert werden, die Inhalte nun auch sicher und gekonnt weiterzugeben.
☺ Kurzinfos zu verschiedenen Themen werden vermittelt.
☺ Viel Wissen wird in kurzer Zeit transparent gemacht.
☺ Stärkung des Selbstbewusstseins.
☺ Es erfolgt ein schneller Überblick über verschiedene Themen.
☺ Jeder wird als Experte aktiv, auch schwächere Schüler können Wissen weitergeben, das andere nicht haben.

SCHWÄCHEN

☹ Bei vorgegebenen Zeitrastern können Schüler beim gegenseitigen Erklären in Zeitnot geraten, bei zu hohem Informationsfluss kann nicht alles behalten werden.
☹ Es kann eine Überforderung von schwachen Schülern eintreten.
☹ Diese Methode muss intensiv eintrainiert werden, da es sonst zu Zeit- oder Organisationsproblemen kommen kann.
☹ Die mangelnde Vermittlungskompetenz von einigen Schülern ist zu bedenken, hier sind Doppelkonstellationen angebracht.
☹ Oft kann zuviel Stoff von den Schülern nicht intensiv weitergegeben werden, dadurch entstehen Lücken beim Wiederholen und beim Vortragen. Der Lehrer muss daher auf eine Sicherung im Klassenplenum im Anschluss an diese Methode achten (z. B. Tafelbild).
☹ Ohne Ergebnissicherung und Weitererarbeitung ist diese Methode problematisch, denn alle Themen sollen nachher den Schülern zugänglich sein, es kann evtl. zuwenig Information hängen bleiben bzw. wichtige Details verloren gehen.
☹ Schwächere Kinder können vielleicht Angst haben, sich als Experte zu blamieren.
☹ Nur die Experten wissen, was richtig ist, andere haben keine Infos über das arbeitsteilige Thema der Experten (Ist es richtig, was der Experte sagt?).

Expertenmethode

☹ Wenn Engagement fehlt, wird die Gruppe nicht ausreichend informiert.
☹ Der Lerninhalt kann vergessen werden, da er nur mündlich weitergegeben wird.

WEITERARBEIT
⇨ Collagen erstellen
⇨ Vertiefen der Thematik durch Zusammenfassung
⇨ Verschriftlichung (Hausaufgabe)
⇨ Tabelle erstellen mit Gegenüberstellungen der verschiedenen Themen
⇨ Diskussion
⇨ Eine Rede / eine Präsentation zum Thema formulieren
⇨ Einen Multiple-Choice-Fragebogen erstellen
⇨ Schriftliches festhalten (Tafelbild, Heft)
⇨ Rollenspiel, Diskussionsrunde, Hearing, Pro-und Kontra-Debatte
⇨ Sammlung der wichtigsten Fakten an der Tafel (auch als Hausaufgabe denkbar)
⇨ Weitere Auseinandersetzung mit den einzelnen Themen in Form von Referaten

MÖGLICHE THEMEN
⇨ Alle Themen kognitiver Natur; immer dann, wenn sich Bausteine eines Themenfeldes sinnvoll ergänzen lassen.
⇨ Bei jeder arbeitsteiligen Gruppenarbeit möglich.
⇨ Sachthemen, deren Inhaltskomponenten gut zu vergleichen sind.
⇨ Personen, die miteinander verglichen werden sollen, die einen kleinsten gemeinsamen Nenner haben (z. B. M. L. King, S. Scholl, D. Bonhoeffer – „Trotz massiver Widerstände für seine Überzeugung leben/sterben").
⇨ Verschiedene Religionen, Sekten, Widerstandsgruppen im Nationalsozialismus, Ereignisse der Reformation, Länder, Städte etc.
⇨ Alle Themen, bei denen Sachinfos vorliegen und die gut unterteilt werden können. Auch bei psychomotorischen Lernzielen geeignet.

Expertenmethode

SONSTIGES

Für affektive Themen weniger geeignet, da die straffe Organisation ein intensives Bearbeiten und Besprechen von emotionalen Themen weniger zulässt. Man sollte mit Zeitfaktoren arbeiten, d.h. der Stammgruppe als Arbeitshinweis mitgeben, dass sie in ihrer neuen Gruppe für die Behandlung ihres Themas ca. zwei Minuten Zeit hat, damit ein gewisser Richtwert vorliegt. Die Expertenmethode funktioniert nur mit Quadratzahlen, d.h. bei 25 Schülern kann ich maximal fünf Gruppen bilden, bei 16 Schülern maximal vier Gruppen. Dennoch ist es abzuraten, bei 25 Schülern diese fünf Gruppen auch auszuschöpfen, da einige Schüler als Experten überfordert sind und sich somit Doppelkonstellationen, die der Lehrer ganz bewusst einsetzt, sehr eignen. Insofern hat die Expertenmethode auch ein emotionales und affektives Ziel; einige Schülerinnen und Schüler können langsam als Experten an bestimmte Themenbereiche herangeführt werden und durch die Arbeit in den Doppelkonstellationen sicherlich gefordert, aber auch gefördert werden. Da sich nicht jeder Schüler als Experte eignet, kann man ihm dann step by step einige Hilfen und Sicherheiten an die Hand geben. Leistungsstärkere Schülerinnen und Schüler können als Helfer fungieren.

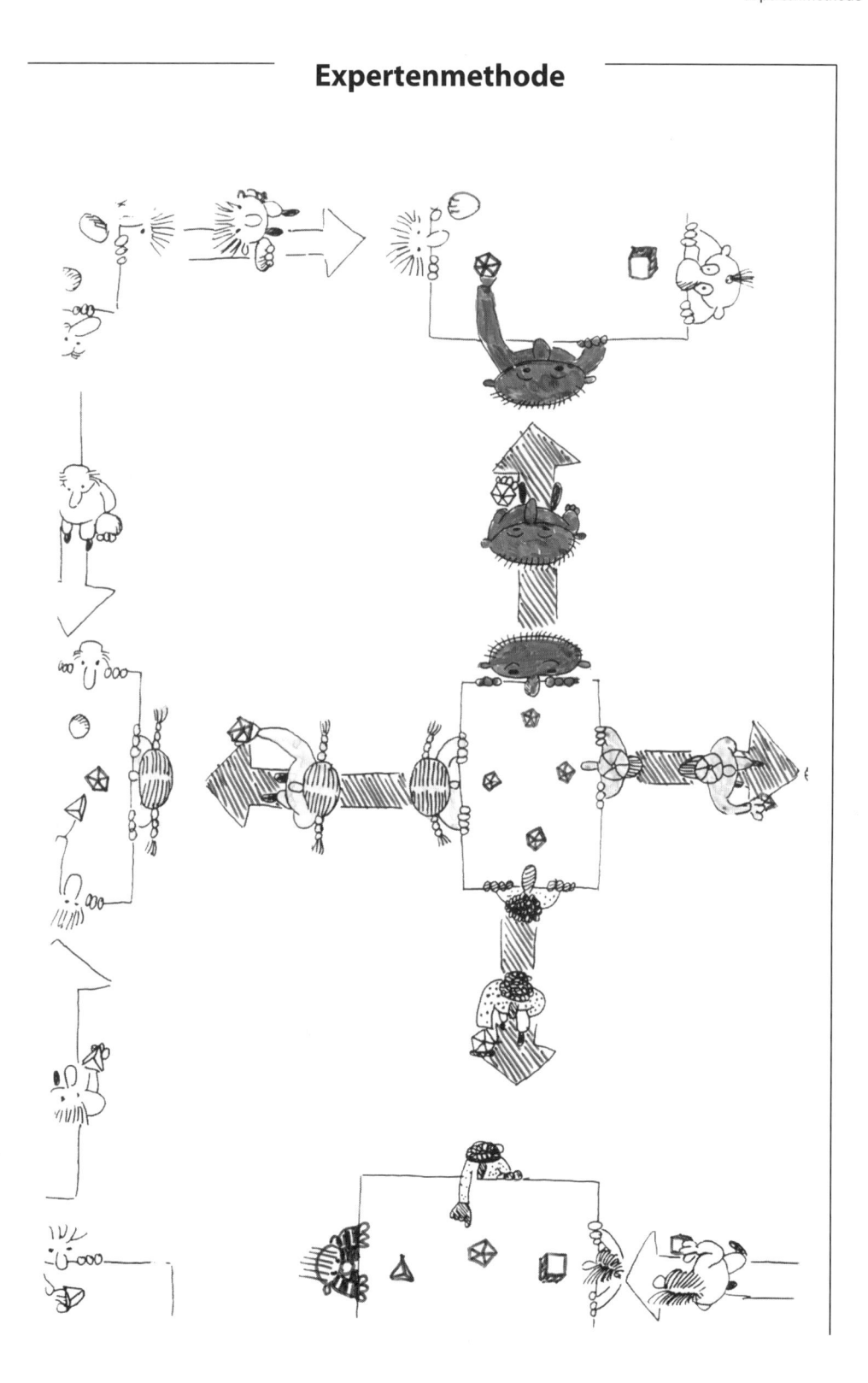

Expertenmethode

Fallbeispiel

ZIEL
- *Die Schülerinnen und Schüler können zu einem skizzierten Vorfall Stellung nehmen.*

BESCHREIBUNG
In Kleingruppen bereiten die Schülerinnen und Schüler ein kurzes Fallbeispiel vor, beispielsweise mit einem Protagonisten aus ihrer eigenen Erfahrungswelt, bei dem eine Entscheidung ansteht. Ein Zettel mit kurzen Erläuterungen zu der Person und seines Problems bekommt jeder Teilnehmer. Zunächst liest jeder Schüler/jede Schülerin die Angaben durch und macht sich einige Notizen, welche Handlungsperspektive die günstigste für die beschriebene Person sein könnte. In Kleingruppen werden die verschiedenen Lösungsansätze verglichen, diskutiert und zu einem Ergebnis optimiert.

CHANCEN
- ☺ Die Schülerinnen und Schüler können persönliche Erfahrungen einbringen.
- ☺ Man muss sich in die betreffende Person hineinversetzen und nach Lösungsmöglichkeiten suchen.
- ☺ Die Lerngruppe diskutiert und entdeckt Handlungsalternativen.
- ☺ Die Methode verbindet theoretische Erkenntnisse und praktische Alltagssituationen.

SCHWÄCHEN
- ☹ Es gibt nicht immer die eine Lösung; insofern müssen Kompromisse gefunden werden. Das wiederum kann dazu führen, dass eine Gruppe sich nicht auf eine Lösung einigen kann.

WEITERARBEIT
- ⇨ Rollenspiel: Die Lösung wird von der Gruppe spielerisch dargestellt.
- ⇨ Clustering: Mehrere Aktivitäten und Handlungsvorschläge werden auf Kärtchen geschrieben und im Plenum vorgestellt.
- ⇨ Präsentation: Ein Gruppensprecher erläutert das Ergebnis und die Überlegungen seiner Kleingruppe. Dies kann dann Anlass zu einer Diskussion im Plenum sein.

Fallbeispiel

MÖGLICHE THEMEN
⇨ Geschichten, die ein Problemfeld skizzieren und ein offenes Ende haben.
⇨ Alle Konfliktsituationen (in Familie, Beruf, Gesellschaft) können bearbeitet werden, vor allem, wenn Probleme auftreten und mehrere Lösungen/Handlungen denkbar sind.

SONSTIGES Fallbeispiele eignen sich für die Arbeit in Partnerkonstellationen oder in Kleingruppen bis zu vier Teilnehmern.

Fallbeispiel

Fallbeispiel

Anna Staub, 15 Jahre, ist Schülerin der 10. Klasse der Realschule Landau. Da sie Ende des Schuljahres aus der Schule entlassen wird, hat sie in den letzten Wochen Bewerbungen an verschiedene Krankenhäuser im Raum Südpfalz geschickt.

Anna ist ein ruhiges, zurückhaltendes Mädchen. Sie ist eine durchaus gute Schülerin, vor allem die Fächer Deutsch, Sozialkunde und Religion machen ihr Spaß. In ihrer Freizeit liest sie sehr viel. Ihre schriftlichen Arbeiten sind ausgezeichnet, aber an Gesprächen im Unterricht beteiligt sie sich kaum, da sie zu unsicher ist, ob ihre Antworten und Gedanken richtig sind. Vorletzte Woche hat sie ein Referat in Biologie vortragen sollen. Aber vor lauter Angst hat sie gestottert, einen roten Kopf bekommen und völlig den Faden verloren. Das war schlimm.

Gestern hat sie eine Einladung zu einem Vorstellungsgespräch bekommen. Mit einem komischen Gefühl in der Magengegend hat sie den Brief gelesen und sich den Termin in ihren Kalender eingetragen.

Ihre Freundinnen kommen heute nachmittag bei ihr vorbei. Vielleicht können sie ihr einige Tipps und Verhaltensweisen für den bevorstehenden Tag geben.

Fragebogen

ZIEL	• *Aus mehreren Lösungsangeboten die richtige auswählen*
BESCHREIBUNG	Den Schülerinnen und Schülern wird ein Arbeitsblatt mit Fragen und verschiedenen Antwortangeboten an die Hand gegeben. Mindestens eine Antwort ist richtig, bei einigen Fragen bieten sich auch mehrere Lösungen an. Die Schülerinnen und Schüler kreuzen die – ihrer Meinung nach – richtige Antwort an. Im Klassenplenum werden die verschiedenen Lösungen vorgelesen, diskutiert und auf ihre Richtigkeit hin überprüft.
CHANCEN	☺ Fachliches Wissen wird überprüft. ☺ Weite Fragen eröffnen die Möglichkeit, verschiedene Lösungsansätze zu diskutieren.
SCHWÄCHEN	☹ Man muss im nachfolgenden Unterrichtsgespräch Begründungen formulieren lassen; ansonsten verkommt diese Arbeitsform zur Ratestunde.
WEITERARBEIT	⇨ Nach dem Ausfüllen des Fragebogens begründen die Schülerinnen und Schüler im Unterrichtsgespräch ihre Lösungen. ⇨ In Partner- oder Einzelarbeit können weitere Fragen entwickelt werden.
MÖGLICHE THEMEN	⇨ Am Ende einer Unterrichtsreihe/Unterrichtsstunde als Sicherung oder Hausaufgabe einzusetzen.
SONSTIGES	Eine interessante Variante besteht darin, einen Fragebogen von Schülern erstellen zu lassen.

Fragebogen

Fragebogen zu Jesus von Nazareth

1. Wann hat Jesus gelebt?
   - ❏ zur Zeit der Pharaonen (ca. 2000 v. Chr.)
   - ❏ zur Zeit König Davids (ca. 1000 v. Chr.)
   - ❏ zur Zeit von Caesar und Augustus (um 0)
   - ❏ zur Zeit Luthers (ca. 1500 n. Chr.)
   - ❏ um 1960

2. Welchen Beruf hatte er?
   - ❏ keinen
   - ❏ Bischof
   - ❏ Student
   - ❏ Zimmermann
   - ❏ Papst
   - ❏ Lehrer
   - ❏ Wanderprediger
   - ❏ Manager

3. Welcher Religion gehörte er an?
   - ❏ evangelisch
   - ❏ katholisch
   - ❏ jüdisch

4. Welche Bücher wurden von Jesus geschrieben?
   - ❏ ein Evangelium
   - ❏ die Bücher Mose
   - ❏ Krimis
   - ❏ Tiergeschichten
   - ❏ das Alte Testament
   - ❏ das Neue Testament
   - ❏ keine

5. Wo wurde er geboren?
   - ❏ in einem Krankenhaus
   - ❏ in einem Stall
   - ❏ in Bethlehem
   - ❏ in Jericho
   - ❏ in Karlsruhe
   - ❏ in Duisburg

6. Woher wissen wir etwas über ihn?
   - ❏ aus seinen eigenen Büchern
   - ❏ aus dem Evangelium
   - ❏ aus unseren Lesebüchern

Fragebogen

7. Zur Zeit Jesu waren Römer in Palästina.
   Sie waren dort als ...
   ❏ Urlauber   ❏ Besatzungssoldaten
   ❏ Sklaven   ❏ Gastarbeiter
   ❏ Freunde

8. Die Landschaft, in der Jesus lebte,
   liegt im heutigen Gebiet von ...
   ❏ England   ❏ Sachsen
   ❏ Bayern   ❏ Israel
   ❏ Indien   ❏ Luxemburg

9. Die Menschen zur Zeit Jesu lebten in ...

   ❏ a)   ❏ b)   ❏ c)

10. Woran ist Jesus gestorben?
    ❏ Mord   ❏ Altersschwäche
    ❏ Krankheit   ❏ Unfall
    ❏ Hinrichtung

11. Er hinterließ uns ...
    ❏ die Bibel (AT und NT)
    ❏ nichts von ihm selbst Geschriebenes
    ❏ Autogrammkarten mit seiner Unterschrift
    ❏ mehrere Songs auf CD
    ❏ Landschaftsphotos von Jerusalem und Umgebung,
      die er auf seinen Wanderungen anfertigte
    ❏ viele gute Gedanken und Taten; Gleichnisse,
      die uns vieles klarmachen und erklären

Gedanken zu einem Bild

ZIEL	• *Ansatzweises Interpretieren in mündlicher und schriftlicher Form*

BESCHREIBUNG	Vorgegebene Zeichnungen oder Bilder werden ausgelegt und die Schülerinnen und Schüler suchen sich eine Zeichnung/ein Bild aus, das sie am meisten anspricht. Die Zeichnungen werden mit folgenden Worten präsentiert: „Der Künstler hat dieses Bild gemalt. Was wollte er uns damit sagen?"
	 Nach einem Gespräch über die Aussage und Bedeutung des Bildes schreiben die Schüler/innen einen Text mit Hilfe folgender Satzanfänge: Ich sehe …
	                                                  Ich fühle …
	                                                  Ich wünsche …
	                                                  Ich denke (glaube) …
	 (siehe Arbeitsblatt nächste Seite)

CHANCEN	☺ Mit dieser Methode können Bilder, Zeichnungen (auch Werke von Mitschülern und Mitschülerinnen) erörtert und diskutiert werden, ohne sie zu beurteilen. ☺ Freie Assoziationen lassen Raum für kreative Ideen und interessante Interpretationsansätze.
SCHWÄCHEN	☹ Nicht in einer Stunde leistbar, allerdings sind Sollbruchstellen möglich.
WEITERARBEIT	⇨ Auf einem Bild können (in Form eines Clusters) Ideen und Gedanken notiert werden.
MÖGLICHE THEMEN	⇨ Anthropologische, ethische, geschichtliche, politische Themenbereiche.
SONSTIGES	Bilder aus Zeitschriften müssen gesammelt werden, damit ein Grundstock an Materialien vorhanden ist. Man kann auch in einem Zweierschritt vorgehen: Zu einem vorgegebenen Thema zeichnen die Schülerinnen und Schüler ein Bild und anschließend erfolgt das Artikulieren oder Verschriftlichen der Gedanken.

Gedanken zu einem Bild

Schreiben zu Bildern

Ich sehe …

Ich fühle …

Ich wünsche …

Ich denke …

Gitterrätsel

ZIEL	• *Festigung bestimmter Begriffe*
BESCHREIBUNG	In ein Raster werden verschiedene Begriffe eines Themenfeldes vertikal oder horizontal eingetragen. Die frei gebliebenen Kästchen werden mit beliebigen Buchstaben aufgefüllt. Aufgabe der Schülerinnen und Schüler ist es nun, anhand vorgegebener Fragen, die Lösungen im Gitterrätsel zu markieren.
CHANCEN	☺ Neue Wörter prägen sich ein. ☺ Variation zum normalen Frage-Antwort-Spiel. Bei dieser Methode sind durch das Suchen der Begriffe Hilfen vorgegeben. ☺ Bewusstmachung von Zusammenhängen. ☺ Auch als Rechtschreibübung zu verwenden.
SCHWÄCHEN	☹ Bei Auffüllen der frei gebliebenen Kästchen muss darauf geachtet werden, dass nicht ungewollt neue Begriffe entstehen.
WEITERARBEIT	⇨ Eigene Gitterrätsel erstellen lassen. ⇨ Mit den gefundenen Begriffen müssen sinnvolle Sätze gebildet werden. ⇨ Gegenseitiges Erklären der markierten Begriffe in Partnerarbeit. ⇨ Oberbegriffe für die gefundenen Ausdrücke finden.
MÖGLICHE THEMEN	⇨ Sammlung von Begriffen zu einem Oberbegriff ⇨ Wortfeldarbeit ⇨ Fertigung neuer Lexik im Sprachunterricht
SONSTIGES	Die Fragen können weggelassen werden und es müssen so viele Begriffe wie möglich zu einem Thema entdeckt werden. Dies kann auch mit einem Gruppenwettbewerb verbunden werden (Welche Gruppe findet die meisten Begriffe?).

Gitterrätsel

Personen in der Bibel

D	B	H	K	E	V	O	L	M	Ö	P	Ü	J	B	R	T	Z	U	I	S
A	B	I	K	L	P	Ö	Ä	F	C	V	D	Z	H	J	M	N	G	F	R
F	R	S	Z	U	I	O	L	N	A	Z	A	R	E	N	E	R	Z	A	W
V	N	A	V	F	G	T	Z	K	A	E	V	O	P	L	K	J	B	H	T
L	J	L	B	C	D	F	G	H	J	L	I	O	U	I	E	D	M	F	G
W	J	O	H	A	N	N	E	S	Q	F	D	S	A	L	U	K	A	S	X
Ü	R	M	W	D	F	G	H	J	N	V	P	X	C	V	K	M	T	Q	U
I	P	E	K	U	D	F	V	B	N	M	K	L	O	U	G	F	T	C	V
T	U	P	Z	W	C	J	U	D	A	S	K	D	S	A	Q	W	Ä	R	T
U	E	R	T	Z	U	I	O	K	J	H	G	E	P	E	T	R	U	S	Ö
I	Q	K	M	N	B	V	C	X	X	Y	V	W	K	L	M	B	S	X	C
L	W	Ö	P	U	Z	T	R	E	W	W	N	L	J	A	S	S	M	D	C
P	L	L	Z	A	C	H	Ä	U	S	I	I	U	M	T	F	A	Q	W	E
O	Ü	S	W	E	R	T	J	G	F	V	B	N	M	K	B	V	C	Y	A
Ü	M	P	I	R	E	W	M	Q	W	S	X	B	O	M	N	H	G	F	D
Ö	A	L	K	J	C	J	A	H	W	E	M	W	M	A	D	F	G	H	K
H	R	F	D	S	A	O	R	V	B	G	H	J	O	P	O	I	H	N	M
B	I	W	E	R	T	Z	K	U	I	O	P	Ü	S	L	K	J	H	G	F
J	A	P	Ü	F	D	W	U	Z	S	B	L	K	E	H	G	F	D	C	V
N	Q	S	D	F	G	Z	S	I	O	Ö	L	K	K	J	H	G	F	A	X

- König von Israel und Juda
- Oberzöllner, in dessen Haus Jesus einzieht
- Name Gottes in der hebräischen Bibel
- Mutter Jesu
- So wird Jesus in den Evangelien und der Apostelgeschichte genannt
- Jünger Jesu (der Fels)
- Jünger, der Jesus durch einen Kuss verriet
- Stieftochter des Herodes Antipas, auf ihre Bitte wurde Johannes der Täufer enthauptet
- Die vier Evangelisten
- Überbringer der 10 Gebote

Gitterrätsel

Find as many colours as you can!

D	B	H	K	J	E	V	O	L	M	Ö	P	Ü	J	B	W
A	B	I	P	K	L	P	Ö	Ä	F	C	V	D	Z	H	H
F	R	S	U	M	U	G	R	E	Y	A	Z	A	R	E	I
V	N	A	R	V	F	R	T	Z	K	A	E	V	O	P	T
L	J	L	P	X	C	E	F	G	H	J	L	I	O	U	E
W	J	O	L	D	A	E	N	E	S	Q	F	D	S	A	L
Ü	R	M	E	R	D	N	G	H	J	N	V	P	X	C	V
I	P	E	K	T	U	D	F	V	B	N	M	K	L	O	U
T	U	P	Z	Z	W	C	J	U	B	L	U	E	D	S	A
Y	E	L	L	O	W	U	I	O	R	J	H	G	E	P	E
I	Q	K	M	J	N	B	V	C	O	X	Y	V	W	K	L
L	W	Ö	R	A	N	G	E	R	W	W	W	N	L	J	A
P	L	L	Z	B	A	C	H	Ä	N	S	I	I	U	M	T
O	Ü	S	W	N	E	R	T	J	G	F	R	E	D	M	K
Ü	M	P	I	M	R	E	W	M	Q	W	S	X	B	O	M
Ö	B	L	A	C	K	C	J	A	X	W	E	M	W	M	A

Gruppenbildung

ZIEL	• *Jeder soll mit jedem arbeiten können.*
BESCHREIBUNG	Zufallsgruppen ermöglichen, dass Schülerinnen und Schüler miteinander arbeiten lernen, die ansonsten wenig Kontakt zueinander pflegen. Es ist eine interessante Erfahrung festzustellen, dass es auch mit Klassenkameradinnen und -kameraden, die man weniger gut kennt, gelingt, eine Arbeit gemeinsam zu erledigen bzw. ein Produkt gemeinsam zu erstellen.
CHANCEN	☺ Das Klassenklima wird positiv gestärkt. ☺ Ein positives „Wir-Gefühl" kann entstehen. ☺ Die Fähigkeit, sich auf andere einzulassen, wird entwickelt.
SCHWÄCHEN	☹ In manchen Entwicklungsstufen kann es problematisch sein, Gesprächspaare auszulosen (z. B. Jungen-Mädchen-Konflikte in 5. und 6. Klassen). Hier kann der Lehrer steuernd eingreifen und nicht einzelne Schüler, sondern Paare in Gruppen zusammenführen. (Mit einer Freundin an der Seite lässt sich eine Zufalls-Gruppenkonstellation besser aushalten.)

Da in vielen Unterrichtssituationen Gruppenbildungen vonnöten sind, folgt eine Sammlung von verschiedenen Ideen, die in spielerischer Form Kleingruppen und/oder Paare entstehen lassen.

Möglichkeiten der Gruppenbildung

- *Kartenspiel*

Der Lehrer lost Spielkarten aus und demnach ergeben sich verschiedene Gruppen-Zusammensetzungen (Gruppe „König"; Gruppe „Dame"; Gruppe „As"; Gruppe „10er") etc.

- *Obstkorb*

Früchte werden in einem Korb verdeckt herumgereicht und bestimmen die neuen Arbeitskonstellationen (Gruppe „Weintrauben", Gruppe „Kirsche", Gruppe „Mirabelle" etc.).

Gruppenbildung

- *Abzählen*

Bei sechs zu bildenden Gruppen zählen die Schüler von 1 bis 6 und so findet sich eine Gruppe 1, eine Gruppe 2, eine Gruppe 3, eine Gruppe 4, eine Gruppe 5 und eine Gruppe 6. Diese Gruppenbildung bewirkt eine sehr zufällige Zusammensetzung, da durch das Abzählen die Klasse stark gemischt wird und Schülerinnen und Schüler, die zusammensitzen, sich nicht in einer Gruppe wiederfinden.

- *Bilderpuzzle*

Bilder, Fotos oder Zeichnungen werden in Puzzleteile geschnitten und müssen von den Schülerinnen zu einem Bild zusammengesetzt werden. Besitzer passender Teile bilden die neuen Gruppen.

- *Sprichwörter*

Sprichwörter werden in einzelne Wörter oder Satzteile zerlegt und auf Kärtchen geschrieben. Jeder sucht nun die entsprechenden Ergänzungen und bildet mit diesen Schülerinnen und Schülern die neue Gruppe.

- *Tierfamilien*

Der Lehrer verlost Zettel, auf denen Tiere stehen, die zu einer Familie zusammengesetzt werden müssen (Hahn, Henne, Küken; Hengst, Stute, Fohlen; Bulle, Kuh, Kälbchen etc.).

- *Familiennamen*

Für Schülerinnen und Schüler sehr motivierend, aber auch mit der entsprechenden Lautstärke versehen, ist die Gruppenbildung nach ähnlich klingenden Namen. Auf Kärtchen sind Familienmitglieder fixiert (Opa Laier, Oma Laier, Papa Laier, Mama Laier, Opa Meier, Oma Meier, Papa Meier, Mama Meier, Opa Baier, Oma Baier, Papa Baier, Mama Baier etc.), die sich durch Zurufe finden und somit neue Gruppen bilden.

- *Wortarten*

Es werden Zettel mit Wörtern (Haus, Auto, Geld, laufen, lachen, denken, in, auf, unter, froh, glücklich, mutig etc.) verteilt. Die Schülerinnen und Schüler ordnen sich dann den verschiedenen Wortarten-Gruppen (Nomen, Verben, Präpositionen, Adjektiven) zu.

- *Biblische Bücher*

Der Lehrer verlost Kärtchen mit biblischen Bücherbezeichnungen (Matthäus, Markus, Lukas, Amos, Jeremia, Genesis, Pentateuch, Brief an die Galater, Römerbrief etc.); die Gruppen Evangelien, Propheten, Bücher Mose, Paulus Briefe etc. bilden sich.

Gruppenbildung

- *Autoren*

Buchtitel (Arturo Ui, Mutter Courage, Baal, Das fliegende Klassenzimmer, Pünktchen und Anton, Das doppelte Lottchen, Die Räuber, Wallenstein, Wilhelm Tell, Andorra, Santa Cruz, Biedermann und die Brandstifter) werden verlost. Die Schülerinnen und Schüler überlegen, wer dieses Buch geschrieben hat und besetzen die entsprechende Gruppe (Brecht, Kästner, Schiller, Frisch etc.).

- *Mathematik-Aufgabe*

Auf Zetteln stehen Mathematik-Aufgaben (3 + 4, 8 - 1, 42 : 3, 7 + 2, 4 - 1, 1 + 2, 9 : 3). Die Aufgaben mit den gleichen Lösungen (7, 9, 3) bilden die neuen Kleingruppen.

- *Sachfelder*

Wörter (Schokolade, Bonbon, Eiscreme, Bananen, Birnen, Äpfel, Paprika, Gurken, Möhren), die zu einem bestimmten Sachfeld (Süßigkeiten, Obst, Gemüse) gehören, bilden die neuen Gruppenkonstellationen.

- *Gummibärchen*

Der Lehrer verteilt an jeden Schüler/jede Schülerin ein Gummibärchen. Die verschiedenen Farben bilden die neuen Gruppen.

- *Papierstreifen mit Duftnoten*

Die Schülerinnen und Schüler erhalten einen Papierstreifen, der mit einer bestimmten Duftnote versehen ist. Sie riechen und ordnen sich verschiedenen Duft-Gruppen (Zitrone, Kamille, Essig, Orange) zu.

- *Bundesländer/Länder*

Der Lehrer verlost Karten, auf denen Städte geschrieben sind (München, Augsburg, Nürnberg, Stuttgart, Freiburg, Heilbronn, Kassel, Frankfurt, Wiesbaden, London, Manchester, Oxford, Paris, Nancy, Lyon, Krakau, Danzig, Lodz). Die Schülerinnen und Schüler bilden Bundesländer (Bayern, Baden-Württemberg, Hessen) oder Länder-Gruppen (England, Frankreich, Polen).

- *Schnüreziehen*

Partnerkonstellationen lassen sich gut durch Schnüreziehen ermitteln. Der Lehrer hält ein Bündel Schnüre (halb so viele, wie Schülerinnen und Schüler da sind) so in der Hand, dass deren Enden links und rechts herausragen, ohne dass man sieht, wie sie miteinander zusammenhängen. Jede Schülerin/jeder Schüler ergreift nun ein Schnurende – und ist nun einem Zufallspartner zugeordnet.

Karikaturenrallye

ZIEL
- *Gespräche/Diskussionen fördern*

BESCHREIBUNG
Fünf Bilder, Karikaturen oder Fotos zu einem Themenbereich werden ausgewählt und an einige Stellen des Raumes gehängt. Sie werden mit den Ziffern 1–5 versehen, d. h. Ziffer 1 bedeutet Station 1, Ziffer 2 bedeutet Station 2 usw. Nun werden die Teilnehmer von 1–5 durchgezählt und den jeweiligen Gruppen zugeordnet. Diese Zufallsgruppen treffen sich an den jeweiligen Karikaturen und haben nun drei Minuten Redezeit, sich mit den Inhalten dieser Bilder zu beschäftigen. Zwei oder drei Impulsfragen werden vorgegeben:
1. Was ist auf diesem Bild zu erkennen? (Inhaltsseite klären)
2. Was wollte der Zeichner mit diesem Bild ausdrücken?
3. Wie kann man das dargestellte Problem verbessern bzw. minimieren?

In den drei Minuten Redezeit, die den Schülerinnen und Schülern zur Verfügung steht, soll darauf geachtet werden, dass jeder zu Wort kommt, dass jeder seine Empfindungen und Gedanken frei äußern kann. Es gibt hier kein richtig und falsch. Um eine gewisse Sicherung und Festigung dieses Gesprächs zu erreichen, sollen die Schüler dann eine Überschrift über diese Zeichnung/über dieses Foto/für diese Karikatur finden und umgekehrt mit Kreppband an der Wand befestigen. Dann durchlaufen die Schüler die jeweiligen anderen Karikaturen jeweils mit drei Minuten Redezeit, d.h. die Gruppe 1 bewegt sich zu Gruppe 2, die Gruppe 2 zur Gruppe 3, die Gruppe 3 zur Gruppe 4 usw. Auch hier werden wiederum am Ende der Diskussion Überschriftenkärtchen aufgeschrieben und hingehängt. An der letzten Station bleiben die jeweiligen Gruppen stehen und mit Hilfe eines Kartenspiels wird eine Schülerin bzw. ein Schüler ausgelost, der/die das Gespräch an dieser Station zusammenfassen soll. Den anderen Gruppen wird nun die Möglichkeit gegeben, sich einzubringen, evtl. Fragen zu den Ausführungen zu stellen oder Erweiterungen und andere Gedanken zu äußern. Als Gesamtfestigung werden nun die verschiedenen Überschriften aufgedeckt und nochmals diskutiert. Alternativ ist es genauso möglich, dass

Karikaturenrallye

nach dem Rundgang der Lehrer eine Gruppe verdeckt eine Karikatur ziehen lässt und die Gruppen dann ihre Stellungnahmen zu diesem Bild geben müssen. Mit Hilfe eines Frageleitfadens kann nun jede Gruppe ausführlich ihre Karikatur besprechen. In einer Tabelle können in Stichworten die Antworten eingetragen werden. Für den Lehrer ist es sehr einfach solche Karikaturen zusammenzustellen, gerade in Tages- oder Wochenzeitungen finden sich eine Fülle aus den Sachverhalten Politik, Wirtschaft oder Gesellschaft. Die Methode Karikaturenrallye dient auch dazu, mit Hilfe unterschiedlicher Karikaturen einen Überblick über Interpretationen eines Gesamtthemas zu erhalten.

CHANCEN
- ☺ Gute Vorarbeit, um Stationenarbeit zu initiieren und zu trainieren.
- ☺ (Nahezu) jeder beteiligt sich an der Diskussion.
- ☺ Zufallsgruppen, d.h. jeder muss mit jedem arbeiten.

SCHWÄCHEN
- ☺ Durch die Zeitvorgabe bleiben manch interessante Gedanken auf der Strecke.
- ☺ Es muss darauf geachtet werden, dass jedes Gruppenmitglied zu Wort kommt und einige nicht zu sehr dominieren oder sich zu sehr zurückziehen.

WEITERARBEIT
- ⇨ Zusammenfassende Vorträge
- ⇨ Tafelbild (Tabelle: Gemeinsamkeiten/Unterschiede der Karikaturen)
- ⇨ Eine Interpretation schreiben

MÖGLICHE THEMEN
- ⇨ „Vorurteile"
- ⇨ „Lernen"
- ⇨ „Schöpfung und Umwelt"
- ⇨ „Gewalt"
- ⇨ „Kinder dieser Welt"

SONSTIGES

Als Alternative (zur Verschriftlichung der Überschriften auf Kärtchen) kann auch ein Blatt von einem Schreiber einer Gruppe mitgeführt werden, auf dem die Überschriften dann schriftlich fixiert werden.

Karikaturenrallye

Karikaturenrallye

Karikaturen zum Thema „Gesprächsregeln"

Karikaturenrallye

Karikaturenrallye

Karikaturenrallye

Karikaturenrallye

Karikaturenrallye

Kreuzworträtsel

ZIEL	• *Festigung bestimmter Begriffe*
BESCHREIBUNG	In ein vorgegebenes Rätselschema müssen die Schülerinnen und Schüler Lösungen eintragen. Beschreibungen, Erläuterungen oder Definitionen laufen auf einen Lösungsbegriff hinaus. Durch besonderes Kennzeichnen bestimmter Kästchen kann ein Lösungswort ermittelt werden.
CHANCEN	☺ Wichtige Ausdrücke und Formulierungen können überprüft werden.
SCHWÄCHEN	☹ Die Festlegung auf genau einen Begriff verhindert andere kreative Lösungsansätze. Synonyme, die auch als richtige Antwort gelten könnten, passen nicht ins vorgegebene Schema.
WEITERARBEIT	⇨ Fertige Kreuzworträtsel können den Schülerinnen und Schülern an die Hand gegeben werden und es müssen nun die Fragen, Formulierungen bzw. Definitionen zu den Lösungen gefunden werden.
MÖGLICHE THEMEN	⇨ Am Ende einer Unterrichtsstunde oder -einheit als Sicherung oder Hausaufgabe einzusetzen. (s. Beispiel „Weltreligionen")
SONSTIGES	In Gruppen können eigene Kreuzworträtsel gestaltet werden.

Kreuzworträtsel

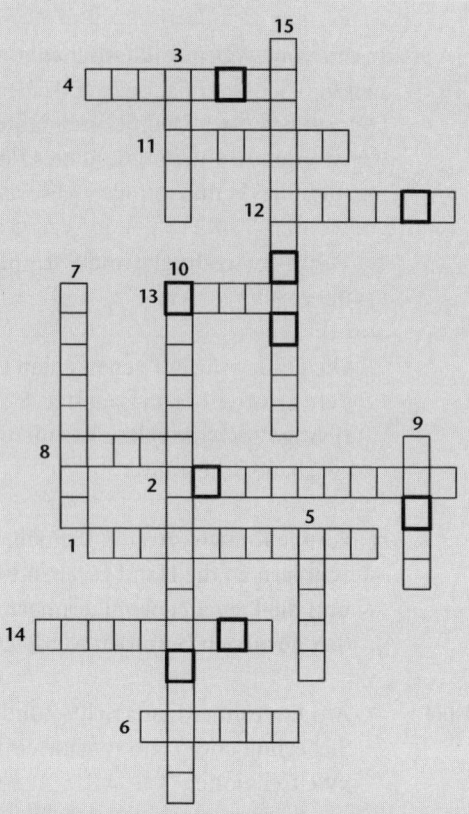

1 Großes Fest im Christentum
2 Religiöse Bewegung im 16. Jhd. (Spaltung in ev. und kath. Kirche)
3 Berg, auf dem Jahwe dem Mose erschien
4 Bezeichnung für das Leben einer rel. Minderheit in einem Land mit mehrheitlich anderem Glauben
5 Schriftrolle der fünf Bücher Mose
6 Jüd. Fest; es soll an die Befreiung aus Ägypten erinnern
7 Stifter des Islam
8 wichtiger Ort des Islam; dort steht die Kaaba (das zentrale Heiligtum)
9 heiliges Buch des Islam
10 Name des historischen Buddha
11 Erlösung im Buddhismus
12 magisch-mystisches Kreisbild, das als Abbild des Kosmos gilt; Meditationshilfe im Buddhismus
13 Gottheit im Hinduismus
14 hinduistische Tempelpriester
15 einer der bekanntesten Hindus (1869–1949)

Die dick umrandeten Felder ergeben – richtig geordnet – das Lösungswort: Ein Zustand, nach dem alle Weltreligionen streben (ö=oe).

Kugellager

ZIEL

- *Diese Methode soll Mut machen zum Reden; dadurch können Schülerinnen und Schüler mehr sprachliche Sicherheit gewinnen und Selbstvertrauen tanken.*

BESCHREIBUNG

Die Schülerinnen und Schüler bilden einen Sitzkreis und werden dann so gemischt, dass jede zweite Person jeweils mit dem Stuhl nach innen rückt, so dass sich die Schülerinnen und Schüler in Kreisform paarweise gegenüber sitzen; auf diese Weise entsteht ein Innen- und ein Außenkreis.

Sowohl Innen- als auch Außenkreis erhalten nun zwei verschiedene Texte. Nach einer kurzen Stillarbeit, in der unterstrichen, markiert und exzerpiert werden darf, erzählt der Außenkreis den Inhalt des Textes dem Vertreter des Innenkreises und umgekehrt. Durch Rotation des Innen- bzw. des Außenkreises entstehen neue Partnerkonstellationen. Nun erzählt der Innenkreis den Text des Außenkreises dem neuen Gegenüber und umgekehrt. So werden beide Texte „durchgeknetet" und durch Zuhören, Zusammenfassen und wieder neu Vortragen gelernt.

CHANCEN

- ☺ Jeder kommt zu Wort, das Zuhören wird gefördert.
- ☺ Die Inhalte des Textes prägen sich nahezu spielerisch ein.
- ☺ Die Schüler gewinnen sprachliche Sicherheit und Selbstvertrauen.
- ☺ Die Schüler werden gezwungen sich zu äußern.
- ☺ Informationen werden besser behalten.
- ☺ Die Schüler bekommen Wissen in „ihrer" Sprache vermittelt.
- ☺ Die Schüler stehen nicht unter Leistungsdruck, es ist ein angstfreier, kleiner Raum, der Lehrer nimmt am Kugellager nicht teil.
- ☺ Jeder muss sich beteiligen, keiner kann sich ausschließen.
- ☺ Die Konstellationen sind auch zum Teil gezielt herbeiführbar.
- ☺ Die Inhalte werden besser behalten, wenn man sich so intensiv durch Zusammenfassen, Wiederholen und Zuhören mit ihnen beschäftigt.

Kugellager

- ☺ Die Konzentration wird gefördert.
- ☺ Jeder redet, jeder hört zu, jeder beschäftigt sich mit dem Text.
- ☺ Schüler überprüfen sich gegenseitig, Helfersysteme werden aufgebaut, Schüler lernen wichtige Thesen herauszufiltern.
- ☺ Jeder hat ein Erfolgserlebnis, da jeder zum Thema etwas sagen kann.
- ☺ Auch stille Schüler werden zum Reden animiert.

SCHWÄCHEN
- ☹ Evtl. zu laut, die Ablenkungsgefahr steigt.
- ☹ Ob die Schüler tatsächlich über das Thema sprechen, kann nur schwer überprüft werden.
- ☹ „Ungünstige Konstellationen", in denen sich Schüler befinden, die sich nicht vertragen, können entstehen.
- ☹ Einige Schüler können wichtige Infos nicht von unwichtigen unterscheiden.
- ☹ Leichte Ablenkung durch den Nachbar ist möglich.
- ☹ Mangelnde Vermittlungskompetenz einiger Schüler.

WEITERARBEIT
- ⇨ Zufallspräsentatoren werden ausgelost und müssen den Inhalt des Textes nochmals vor der Klasse präsentieren
- ⇨ Ein gemeinsames Tafelbild entsteht, in denen die Schülerinnen und Schüler die wichtigsten Ergebnisse und Thesen der Texte fixieren
- ⇨ Spielerische Weiterarbeit: Jeder Schüler erhält eine Nummer. Der Inhalt des Textes wird in der Klasse sukzessive weitererzählt. Ein Schüler fängt an und gibt dann an die nächste Nummer, die er nennt, weiter (siehe Zahlenroulette).

MÖGLICHE THEMEN
- ⇨ Personen, die sich gut vergleichen lassen.
- ⇨ Ereignisse, die gut miteinander vergleichbar sind. Es müssen nicht unbedingt Texte diskutiert werden, man kann auch mit Bildern, Diagrammen, Karikaturen oder mit freier Rede arbeiten.
- ⇨ Schon in der Grundschule ist das Erzählen im Montagskreis in der Kugellagermethode möglich.

Kugellager

⇨ Kugellager ist auch eine gute Methode zu einem Kennenlernspiel mit Partnerinterviews.
⇨ In Mathematik können Lösungswege versprachlicht werden.
⇨ Nach Beispielaufgaben formulieren Schüler in Einzelarbeit Sachaufgaben und erläutern sich diese im Kugellager.
⇨ Nach jedem Lehrervortrag einsetzbar: Schülerinnen und Schüler wiederholen wesentliche Aspekte des Vortrags.

SONSTIGES Die Methode sollte bei stark affektiven Themen wie Liebe, Freundschaft, Tod vermieden werden. Es macht Sinn mit Zeitfaktoren zu arbeiten, z. B. dass man bei der ersten Sichtung des Textes den Schülerinnen und Schülern drei Minuten Zeit gibt und bei der Zusammenfassung evtl. mit 60 Sekunden Redezeit arbeitet. Besondere Konstellationen können durch den Lehrer bewusst herbeigeführt werden, so dass leistungsschwache Schüler mit sensiblen, motivierten, leistungsstärkeren Schülern kombiniert werden, die sich dann gegenseitig ergänzen und ein positives Lernklima schaffen.

Es gibt keine räumliche Gegebenheit, die die Methode „Kugellager" im Unterricht nicht zulässt *(siehe folgende Seite)*. Besonders geeignet ist der Sitzkreis *(Abbildung 1)*, aber auch in der Hufeisensitzform *(Abbildung 2)* ist die Methode gut durchführbar. Bei anderen Sitzformen verteilt der Lehrer rote und grüne Kärtchen, die durchnummeriert sind. Nun bildet die Schülerin mit der roten 1 und der Schüler mit der grünen 1 ein Paar, der Schüler mit der roten 2 und die Schülerin mit der grünen 2 ein Team u.s.w.. Die Paare können sich im Klassensaal verteilen *(Abbildung 3)*. Der Lehrer notiert während der ersten Erarbeitungsphase die neuen Konstellationen an der Tafel (z. B. grüne 1/rote 3; grüne 2/rote 4; grüne 3/rote 5 etc.), die Schülerinnen und Schüler finden sich und arbeiten in den neuen Partnerzusammensetzungen weiter.

Kugellager

Abbildung 1

Abbildung 2

Abbildung 3

Lernen an Stationen

ZIEL
- *Jeder Schüler/jede Schülerin arbeitet in seinem/ihrem individuellen Lern- und Arbeitstempo.*
- *Die SchülerInnen können die Sozialform, in der sie arbeiten wollen, frei wählen.*
- *Unterschiedliche Lernvoraussetzungen werden berücksichtigt.*

BESCHREIBUNG

Das Lernen an Stationen (Stationenarbeit; Stationenlernen, Lernzirkel) kommt ursprünglich aus dem Bereich Sport. Dort müssen im sogenannten „Circuit-Training" (Zirkeltraining) verschiedene Übungsstationen nacheinander bewältigt werden. Dies ist auch die Grundidee des Lernens an Stationen.

Man unterscheidet engere und weitere Formen des Lernens an Stationen, aber genauso sind Mischformen denkbar.

Die Schülerinnen und Schüler erhalten Arbeitsaufträge, die eindeutig formuliert sein müssen, damit sie von den Kindern selbstständig gelesen und verstanden werden können. Diese Arbeitsanweisungen werden im Klassenraum auf Tischen, Fensterflächen oder an den Wänden deponiert. Sinnvoll ist das Durchbuchstabieren bzw. Durchnummerieren dieser verschiedenen Stationen. Es empfiehlt sich mit Laufzetteln (siehe Beispiele auf den folgenden Seiten) zu arbeiten, auf denen die Schülerinnen und Schüler ihre erledigten Arbeiten dokumentieren können und die Lehrkraft auch eine Kontrollmöglichkeit an der Hand hat. Mit diesen Laufzetteln können Schülerinnen und Schüler auch die einzelnen Stationen hinsichtlich ihres Schwierigkeitsgrades rückmelden (siehe Beispiel).

In der **engeren Form** (Einsatz eher in Sekundarstufe I und Sekundarstufe II) wandert eine festgelegte Gruppe in einem vorher festgelegten Zeitfaktor von Station zu Station. Sinnvoll ist es, Tischgruppen in Kreisform im Raum anzuordnen. Die notwendigen Materialien liegen dort jeweils aus. Es kann beliebig an jeder Station begonnen werden und man wandert dann gemeinsam mit den Gruppenmitgliedern im Uhrzeigersinn von Station zu Station weiter. Die Lehrkraft signalisiert den jeweiligen Wechsel

Lernen an Stationen

durch ein Klingelzeichen. Auch wenn eine Aufgabe nicht beendet wurde, so muss die Station verlassen werden, um den Platz für die nachfolgende Gruppe frei zu machen. An der neuen Station kann dann die begonnene Aufgabe zunächst beendet werden oder die Schülerinnen und Schüler müssen sie als Hausaufgabe nacharbeiten. In jeder Station kann vom Lehrer festgelegt werden, ob die Gruppe in Einzel-, Partner- oder Gruppenarbeit die Aufgabe lösen muss oder ob sie die Sozialform frei wählen kann.

In der **weiteren Form** (Einsatz eher in Primarstufe oder in Sekundarstufe, wenn die Lehrkraft viele Stunden in der Klasse präsent ist) bestimmen die Schülerinnen und Schüler, mit welcher Station sie beginnen; sie legen selbst fest, in welcher Abfolge die verschiedenen Stationen durchlaufen werden und ob sie in Partner- oder Gruppenkonstellationen arbeiten wollen (wenn dies nicht zwingend festgelegt ist). Auch der Zeitfaktor an den jeweiligen Stationen kann frei gewählt werden.

Neben Pflichtstationen, die von den Schülerinnen und Schülern unbedingt bewältigt werden müssen, können noch Zusatz- oder Jokerstationen eingerichtet werden, die dann zum Einsatz kommen, wenn beispielsweise leistungsstärkere Kinder Arbeitsaufträge beendet haben und noch Zeit zur Verfügung steht. Als Zusatzstation kann auch das ein oder andere Lernspiel eingesetzt werden.

Gut trainierten Klassen bietet das Lernen an Stationen optimale Möglichkeiten zum Lernen und Üben. Arbeitsaufträge an den jeweiligen Stationen können sowohl kognitiver Natur sein bis hin zu „farbenprächtigen" Stationen, in denen das Lernen mit allen Sinnen im Vordergrund steht (Fühl-, Tast-, Riech- und Schmeckstationen etc.).

CHANCEN

- ☺ Die Schülerinnen und Schüler müssen sich die Lerninhalte selbst erarbeiten.
- ☺ Es werden Helfersysteme aufgebaut, d.h. leistungsstärkere Schüler können leistungsschwächere unterstützen.
- ☺ Arbeiten können wahlweise in Einzel-, Partner- oder Gruppenarbeit erledigt werden.
- ☺ Schülerinnen und Schüler lernen, sich selbstständig zu kontrollieren.

Lernen an Stationen

☺ Jeder kann in seinem eigenen Lerntempo arbeiten.
☺ Verschiedene kognitive wie affektive Zugänge zu Themenkomplexen sind möglich.

SCHWÄCHEN

☹ Das Lernen an Stationen erfordert häufig einen hohen Vorbereitungsaufwand. Allerdings wird oft vergessen, dass auch der Arbeitsauftrag „Buch Seite 14, Aufgabe 2" eine eigene Station sein kann. Viele Kolleginnen und Kollegen übertreiben sowohl in der Anzahl der Stationen wie auch in der Perfektion einzelner Arbeitsanweisungen.

☹ Die selbstständige Kontrolle durch die Schülerinnen und Schüler funktioniert oftmals nicht oder nur bedingt. Es ist daher nicht anzuraten, die Lösungen zu den Aufgabenstellungen zu legen, da viele Kinder dann sofort darauf schauen. Lösungsblätter können beispielsweise hinter der Tafel oder auf dem Lehrerpult deponiert werden.

WEITERARBEIT

⇨ Nach der Stationenarbeit kann man Schülerinnen und Schüler als Zufallspräsentatoren auslosen, die dann die Aufgabe und die Lösung einer Station im Klassenplenum nochmals erläutern. Evt. muss die Lehrkraft Hilfestellung leisten oder Zusatzinformationen geben.

MÖGLICHE THEMEN

⇨ Nahezu alle Themenfelder aus den verschiedenen Fächern sind denkbar. Nicht nur in der Erarbeitungsphase (mit anschließender Besprechung / Erläuterung durch die Lehrkraft), sondern auch am Ende einer Unterrichtsreihe als Wiederholung und Festigung der Lerninhalte sind Stationenarbeiten sinnvoll in den Unterricht zu integrieren.

SONSTIGES

Das Lernen an Stationen ist gerade auch im fächerübergreifenden Unterricht gut einzusetzen.

Lernen an Stationen

Lernen an Stationen

Laufzettel von: _____

Lernen an Stationen

Station	...hat mir gefallen	...hat mir nicht gefallen	...fand ich schwer	...fand ich leicht	Unterschrift des Lehrers
1					
2					
3					
4					
5					
6					
7					
8					

Markt

ZIEL	• Fragen stellen und beantworten
	• Gruppenergebnisse darstellen und präsentieren
BESCHREIBUNG	• Sich über andere Arbeiten informieren

Nach Gruppenarbeitsprozessen werden die Visualisierungen und Ergebnisse an verschiedenen Info-Ständen vorgestellt. Jede Gruppe hat dafür zu sorgen, dass jeweils zwei Mitglieder den eigenen Info-Stand besetzen, um auftretende Fragen beantworten zu können. Es sollte darauf geachtet werden, dass jeder Schüler/jede Schülerin eine gewisse Zeit am Info-Stand präsent ist. Die übrigen Mitglieder der Klasse wandern über den Markt, informieren sich über Ergebnisse, führen lockere Gespräche und stellen ggfs. Fragen.

CHANCEN
- ☺ Jeder Schüler/jede Schülerin muss in der Lage sein, kompetent auf Fragen zu reagieren.
- ☺ Die Eigenverantwortlichkeit wird gefördert, da jeder Schüler/jede Schülerin selbst entscheiden muss, wie lange und intensiv jeder Info-Stand betrachtet wird.

SCHWÄCHEN
- ☹ Man muss aufpassen, dass der Markt nicht als Wettbewerb empfunden wird und einige Arbeiten zu negativ beurteilt werden.

WEITERARBEIT
- ⇨ Nach der Methode „Markt" können Fragen zu den einzelnen Arbeiten im Plenum besprochen werden.
- ⇨ Eine Überprüfung zu den einzelnen Wissensgebieten kann gemeinsam konzipiert und geschrieben werden.

MÖGLICHE THEMEN
- ⇨ Alle arbeitsteiligen Gruppenarbeiten, die zu einem gemeinsamen Themenfeld gehören.

SONSTIGES

Es ist nicht intendiert, die Arbeiten an den Info-Ständen zu präsentieren. Jeder ist angehalten, sich die Informationen selbstständig zu beschaffen und evtl. durch Fragen Unklarheiten zu beseitigen.

Markt

Memory

ZIEL	• Festigung von Unterrichtsinhalten • Üben und Wiederholen von Lernstoffen
BESCHREIBUNG	Man benötigt eine gerade Anzahl von Kärtchen. In einem ersten Arbeitsschritt wird eine Hälfte der Kärtchen mit Bildern (Aufgaben, Oberbegriffen, Formeln etc.) versehen, der andere Teil mit den jeweils entsprechenden Bezeichnungen (Lösungen, Unterbegriffen, Abkürzungen etc.) beschriftet. Dann werden die Karten verdeckt auf dem Tisch vermischt und verteilt. Jeweils zwei Karten werden aufgedeckt. Passen sie zusammen, darf man sie behalten. Wurde kein Paar gefunden, werden sie wieder umgedreht und der nächste Spieler ist an der Reihe. Das Spiel ist beendet, wenn jede Karte ihrer Entsprechung zugeordnet werden konnte. Sieger ist der Schüler/die Schülerin mit den meisten gewonnenen Karten.
CHANCEN	☺ Das Gedächtnis wird geschult, da man sich die Position der jeweiligen Karten einprägen muss. ☺ Auf spielerische Art und Weise werden zwei Elemente des Themengebietes miteinander verknüpft.
SCHWÄCHEN	☺ Eine Karte darf jeweils nur einer Partnerkarte entsprechen.
WEITERARBEIT	⇨ Es können mehrere Karten zu Gruppen zusammengefügt werden, um dann geeignete Oberbegriffe zu formulieren. ⇨ Tafelbild (z. B. in Tabellenanordnung)
MÖGLICHE THEMEN	⇨ Aufgaben und ihre Lösungen ⇨ Unterbegriffe und ihre Oberbegriffe ⇨ Bilder und die dazugehörigen Vokabeln ⇨ Formeln und ihre Abkürzungen ⇨ Zahlen und Ereignisse ⇨ Politiker und ihre Ämter ⇨ Autoren und Werke ⇨ Maler und Gemälde ⇨ Musiker und Stücke

Memory

SONSTIGES

Der Schwierigkeitsgrad ist variabel gestaltbar. So können beispielsweise im Mathematikunterricht Aufgaben vom kleinen Einmaleins bis hin zu komplizierten Themen wiederholt und geübt werden.

Denkbar sind auch zwei Aufgaben mit dem gleichen Ergebnis (8 x 3; 12 + 12), die ein gemeinsames Paar bilden. Bei dieser Variante muss immer wieder von neuem gerechnet werden.

Mein Mitbringsel

ZIEL	• *Meinungen und Einstellungen zum Unterrichtsthema bewusst machen*
BESCHREIBUNG	Die Schülerinnen und Schüler bringen einen Gegenstand zur unterrichtlichen Thematik mit. Durch dieses „Mitbringsel" fällt es den Schülerinnen und Schülern leicht, über ihren Bezug zum Themenfeld zu sprechen. Jede Schülerin und jeder Schüler hält den mitgebrachten Gegenstand in der Hand und nach der Vorstellung wird dieser in die Mitte des Stuhlkreises gelegt, für alle Teilnehmenden sichtbar. Den Satz „Ich habe folgenden Gegenstand mitgebracht, weil …" schafft jeder Schüler. Das freie Sprechen wird einfacher, weil im Vorfeld Prozesse stattgefunden haben: Die Schüler haben sich Gedanken gemacht, welches Objekt mitgenommen wurde.
CHANCEN	☺ Die Schülerinnen und Schüler können aktiv den Unterricht mitgestalten. ☺ Freies Reden wird gefördert. ☺ Die Redezeit (ausführlich/knapp) kann von jedem individuell bestimmt werden. Man kann sich kurz fassen, aber es besteht auch die Möglichkeit, eigene Erfahrungen/ Anekdoten/Fragen zu formulieren.
SCHWÄCHEN	☹ Eventuell muss mit Zeitvorgaben gearbeitet werden, damit jeder Schüler zum Sprechen kommt.
WEITERARBEIT	⇨ Wenn alle „Mitbringsel" ausliegen, kann eine Übung eingeschaltet werden, die der Lerngruppe zeigt, ob sie gut zugehört hat oder nicht. Der Lehrer deutet auf einzelne Objekte und die Schüler überlegen, wer diesen Gegenstand mitgebracht hat und mit welchen Worten er präsentiert wurde.
MÖGLICHE THEMEN	⇨ Nach dem Betriebspraktikum: Die Schülerinnen und Schüler bringen einen Gegenstand aus dem Praktikum mit. ⇨ Mein Lieblingsspielzeug/Lieblingsbuch/Lieblingsbild etc.

Mein Mitbringsel

⇨ Ein Objekt wird mitgebracht, das zeigt, was alles um uns herum mit Mathematik (Physik, Chemie etc.) zu tun hat.

SONSTIGES

Als Sitzform bietet sich der Stuhlkreis an, damit jeder Schüler/jede Schülerin freie Sicht auf die verschiedenen „Mitbringsel" hat. Es erübrigt sich die Frage, wer seinen Gegenstand zuerst vorstellt. Nach einem Freiwilligen wird per Meldekette weitergearbeitet, d.h. der präsentierende Schüler ruft den nächsten auf, der wiederum bestimmt den folgenden Schüler usw.

Mind-Mapping

ZIEL	• *Brainstorming zu einem Themenfeld* • *Idealer Ideenspeicher*
BESCHREIBUNG	Ein Thema oder eine Problemstellung wird als Schlüsselbegriff im Mittelpunkt des Papiers (der Tafel) schriftlich fixiert. Um dieses Zentrum entsteht eine Gedächtnislandkarte, ein Kranz von Hauptästen und weiteren Verzweigungen. Der Lehrer kann ein erstes Beispiel vorgeben. Dann gibt er einem Schüler die Kreide (den Stift) und dieser fixiert die nächste Ergänzung. Die Kreide wird als Meldekette weitergereicht und so wird jeder Schüler/jede Schülerin angeregt, das Netzwerk zu vervollständigen (siehe Zeichnungen).
CHANCEN	☺ Alle Schülerinnen und Schüler können sich beteiligen. ☺ Jeder kann bestimmen, an welcher Stelle er das Netzwerk ergänzt. ☺ Aus vielen Assoziationen entsteht eine sinnvolle Struktur. ☺ Auf einen Blick sind wesentliche Zusammenhänge erkennbar.
SCHWÄCHEN	☹ Man muss darauf achten, dass die Hauptzweige als Oberbegriffe durch Verästelungen ergänzt werden.
WEITERARBEIT	⇨ Hierarchische Strukturen entwickeln und als neues Mind-Mapping schriftlich fixieren. ⇨ Einen Aufsatz aus den Elementen des Mind-Mapping entwickeln. ⇨ Partner- oder Kleingruppen-Mind-Maps gemeinsam erstellen lassen.
MÖGLICHE THEMEN	⇨ Freundschaft ⇨ Schule ⇨ Wie finde ich einen Ausbildungsplatz? ⇨ Lernen ⇨ Wortfeldarbeit im Sprachunterricht ⇨ Wortarten ⇨ Europa

Mind-Mapping

⇨ Unser Gedächtnis
⇨ Arbeitslosigkeit
⇨ Das Judentum
⇨ Tiere
⇨ Französische Revolution
⇨ Personenbeschreibung
⇨ Inhaltsangabe einer Geschichte
⇨ Charakterisierung einer Person
⇨ Auch denkbar als Sammlung wesentlicher Aspekte vor einer Klassenarbeit.

SONSTIGES   Die Methode „Mind-Mapping" kann auch als Sicherung am Ende einer Unterrichtsstunde eingesetzt werden (s. Beispiel).

Mind-Mapping

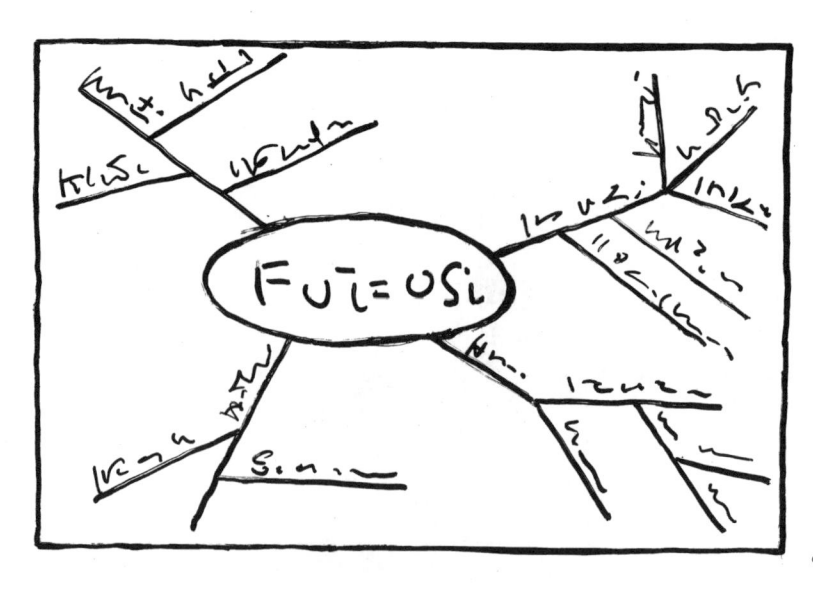

Mind-Mapping

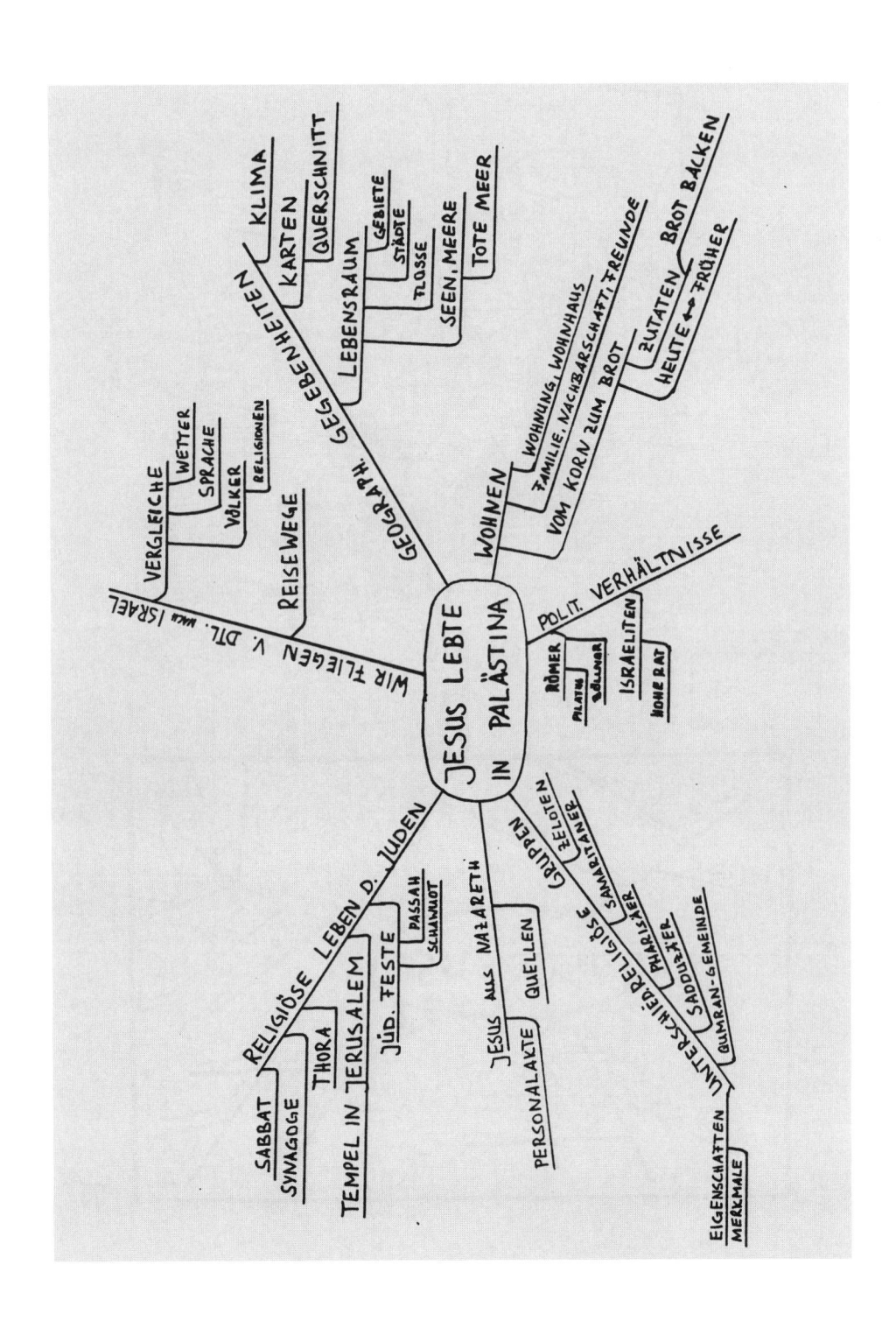

Mind-Mapping

Jesus lebte in Palästina

- **Geograph. Gegebenheiten**
  - Klima
  - Karten — Querschnitt
  - Lebensraum
    - Gebiete
    - Städte
    - Flüsse
    - Seen, Meere
    - Totes Meer
- **Wohnen**
  - Wohnung, Wohnhaus
  - Familie, Nachbarschaft, Freunde
  - Vom Korn zum Brot
    - Zutaten
    - Brot backen
    - Heute ↔ Früher
- **Polit. Verhältnisse**
  - Römer
    - Pilatus
    - Zöllner
  - Israeliten
    - Hoher Rat
- **Gruppen**
  - Zeloten
  - Samaritaner
  - Unterschiede religiöse
    - Pharisäer
    - Sadduzäer
    - Qumran-Gemeinde
      - Eigenschaften
      - Merkmale
- **Jesus aus Nazareth**
  - Quellen
  - Personalakte
- **Religiöse Leben d. Juden**
  - Jüd. Feste
    - Passah
    - Schawuot
  - Thora
  - Tempel in Jerusalem
  - Synagoge
  - Sabbat
- **Vergleiche**
  - Wetter
  - Sprache
  - Völker
  - Religionen
- **Reisewege**
  - Wir fliegen v. Dtl. nach Israel

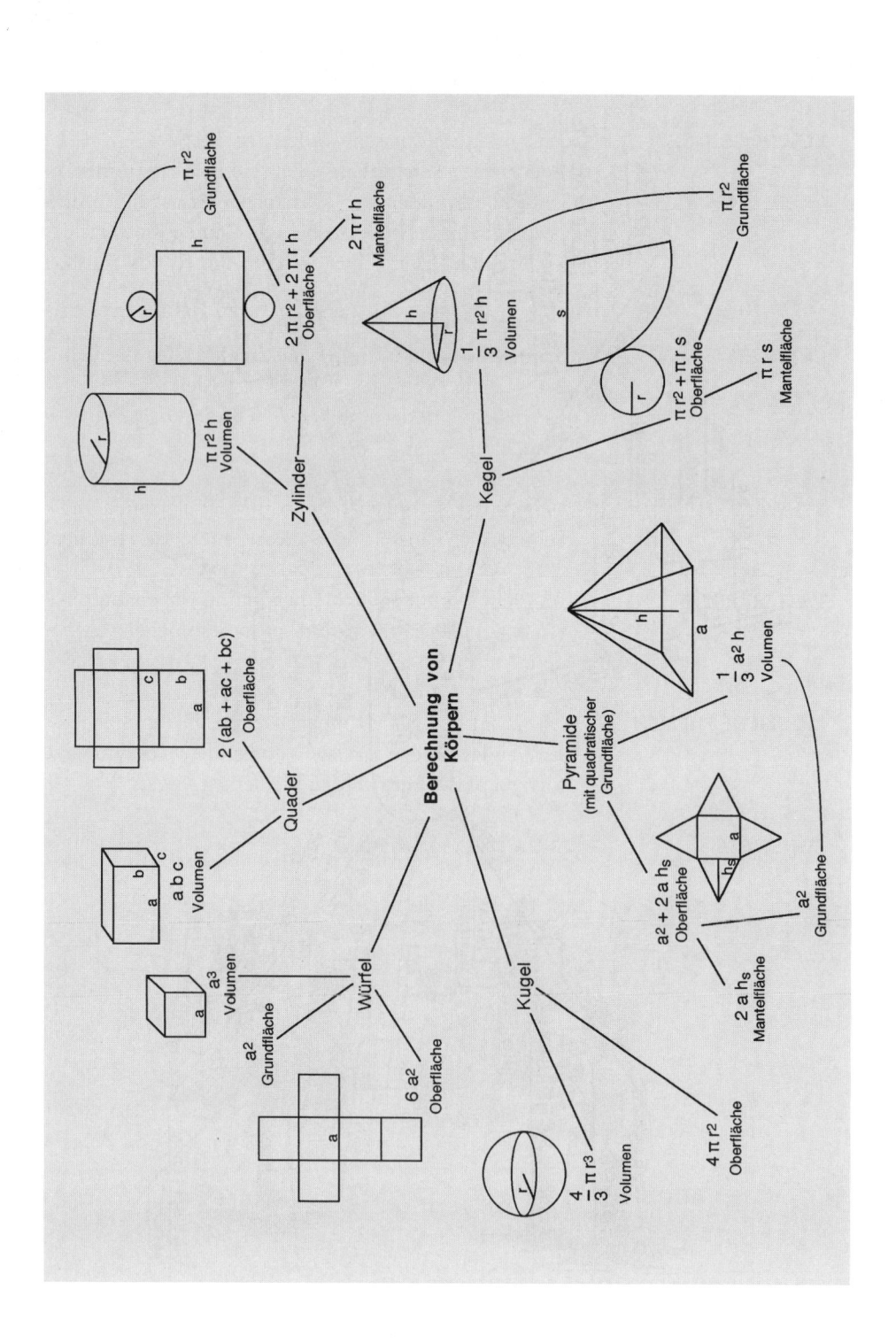

Mind-Mapping

Berechnung von Körpern

Zylinder
- πr^2 Grundfläche
- $2\pi r h$ Mantelfläche
- $2\pi r^2 + 2\pi r h$ Oberfläche
- $\pi r^2 h$ Volumen

Kegel
- πr^2 Grundfläche
- $\pi r s$ Mantelfläche
- $\pi r^2 + \pi r s$ Oberfläche
- $\frac{1}{3}\pi r^2 h$ Volumen

Quader
- $2(ab + ac + bc)$ Oberfläche
- $a b c$ Volumen

Pyramide (mit quadratischer Grundfläche)
- a^2 Grundfläche
- $2 a h_s$ Mantelfläche
- $a^2 + 2 a h_s$ Oberfläche
- $\frac{1}{3} a^2 h$ Volumen

Würfel
- a^2 Grundfläche
- $6 a^2$ Oberfläche
- a^3 Volumen

Kugel
- $4\pi r^2$ Oberfläche
- $\frac{4}{3}\pi r^3$ Volumen

Museumsgang

ZIEL	• *Ergebnisse präsentieren*
BESCHREIBUNG	Nach Erarbeitungsphasen werden Ergebnisse, wie z. B. Visualisierungen, Lernplakate, Statistiken, Diagramme an verschiedene Wänden des Klassenraumes gehängt. Ähnlich wie bei einem Museumsbesuch können die verschiedenen Arbeiten begutachtet werden, um so das „geistige Spektrum" der Klasse deutlich zu machen.
CHANCEN	☺ Schülerinnen und Schüler entscheiden selbstständig, bei welchen Arbeiten sie länger verweilen. ☺ Es entsteht ein Ideenpool an Gestaltungsformen und Visualisierungen.
SCHWÄCHEN	☹ Man muss darauf achten, dass sich Schülerinnen und Schüler nicht über schwächere Arbeiten lustig machen.
WEITERARBEIT	⇨ Im Plenum können Unklarheiten und Ungenauigkeiten bzw. fehlerhafte Ausführungen besprochen werden.
MÖGLICHE THEMEN	⇨ Alle arbeitsteiligen Gruppenarbeiten, die durch Plakate, Wandzeitungen, Collagen und andere Gestaltungsformen präsentiert werden können.
SONSTIGES	Ähnliche Methode wie „Markt".

Odd man out

ZIEL	• *Zuordnung von Elementen zu einem Oberbegriff* • *Finden eines gemeinsamen Kriteriums für vorgegebene Beispiele (Wörter/Zahlen/Bilder/Symbole usw.)*
BESCHREIBUNG	Fünf Wörter, Zahlen, Bilder, Symbole werden vorgegeben. Aufgabe ist es, ein gemeinsames verbindendes Kriterium zu finden. Allerdings lassen sich lediglich vier Elemente einem Oberbegriff zuordnen, der nicht passende „odd man" (= der überzählige Mann) muss gefunden und gekennzeichnet werden.
CHANCEN	☺ Es werden Verbindungen zwischen wesentlichen Elementen des Stoffgebietes hergestellt. ☺ Der Schwierigkeitsgrad lässt sich variabel gestalten; er ist davon abhängig, inwieweit sich der „odd man" von den anderen Elementen abhebt.
SCHWÄCHEN	☹ Es eignen sich nur solche Oberbegriffe, denen mindestens vier Beispiele zugeordnet werden können. ☹ Es sollte jeweils nur ein Kriterium pro Reihe zutreffen. Der „odd man" muss eindeutig zu identifizieren sein.
WEITERARBEIT	⇨ Die zugehörigen Oberbegriffe müssen formuliert und schriftlich fixiert werden. ⇨ Die jeweilige Gruppe kann durch weitere Beispiele ergänzt werden. ⇨ Das aussortierte Element soll mit weiteren Begriffen (Zahlen/Symbolen etc.) ergänzt und einem Oberbegriff zugeordnet werden.
MÖGLICHE THEMEN	⇨ Mathematik: Gerade Zahlen, Primzahlen, Vielfache etc. ⇨ Englisch: School words, animals, persons, family etc. ⇨ Deutsch: Wortarten, Satzglieder, Werke eines Autors, Autoren einer Epoche etc. ⇨ Kunst/Musik: Vertreter einer Stilrichtung, Epochenbezeichnungen etc. ⇨ Chemie: Säuren, Basen, Salze, Halogene, Edelgase etc. ⇨ Biologie: Säugetiere, Fische, Insekten, Pflanzen etc. ⇨ Erdkunde: Industrieländer, Entwicklungsländer, Hauptstädte, Berge, Flüsse etc.

Odd man out

⇨ Sozialkunde: Bundespräsidenten, Könige, Minister, informelle/formelle Gruppen etc.
⇨ Geschichte: Revolutionäre, Bündnissysteme, Ereignisse einer nationalen Entwicklung etc.
⇨ Religion: Religionsstifter, Evangelisten, Propheten, Jünger, Paulusbriefe etc.

SONSTIGES Die Schülerinnen und Schüler können eigene „odd man outs" zur Unterrichtsreihe entwickeln.

Odd man out

ODD MAN OUT

Deutsch
zart – schlendern – behäbig – unentschlossen – freundlich
hüpfen – schweben – jauchzen – bedeckt – tanzen
Traumtänzer – Dickschädel – Tagträumer – Einfaltspinsel – exotisch
bunt – auf – neben – hinter – unter

Biologie
Forelle – Lachs – Wal – Hering – Hecht
Tanne – Fichte – Kiefer – Buche – Lärche
Löwe – Pinguin – Eisbär – Puma – Schimpanse
Maiglöckchen – Krokus – Tulpe – Rose – Kirschbaum

Mathematik
3 – 13 – 53 – 63 – 73
56 – 42 – 96 – 66 – 72
158 – 246 – 375 – 482 – 538
64 – 81 – 16 – 1 – 24

Religion
Lukas – Matthäus – Daniel – Markus – Johannes
Christentum – Judentum – Shintuismus – Buddhismus – Islam
Genesis – Neutrum – Exodus – Deuteronomium – Leviticus
Weihnachten – Ostern – Namenstag – Pfingsten – Christi Himmelfahrt

Geschichte/Sozialkunde
Jakobiner – Guillotine – Girondisten – Generalstände – Reformation
Adenauer – Kohl – Brandt – Schumacher – Schröder
CDU – PDS – DVU – SPD – Grüne
Kolumbus – Magellan – Leonardo da Vinci – Achilles – Gutenberg

Erdkunde
Paris – Kairo – Sydney – London – Quito
Afrika – Grönland – Europa – Asien – Australien
Ecuador – Bolivien – Uruguay – Japan – Venezuela
Saarbrücken – Bingen – Koblenz – Landau – Mainz

Odd man out

ODD MAN OUT (Lösungen)

Deutsch
zart – ~~schlendern~~ – behäbig – unentschlossen – freundlich   (Adjektive)
hüpfen – schweben – jauchzen – ~~bedeckt~~ – tanzen   (Verben)
Traumtänzer – Dickschädel – Tagträumer – Einfaltspinsel – ~~exotisch~~   (Nomen)
~~bunt~~ – auf – neben – hinter – unter   (Präpositionen)

Biologie
Forelle – Lachs – ~~Wal~~ – Hering – Hecht   (Fische)
Tanne – Fichte – Kiefer – ~~Buche~~ – Lärche   (Nadelbäume)
Löwe – ~~Pinguin~~ – Eisbär – Puma – Schimpanse   (Säugetiere)
Maiglöckchen – Krokus – Tulpe – Rose – ~~Kirschbaum~~   (Blumen)

Mathematik
3 – 13 – 53 – ~~63~~ – 73   (Primzahlen)
~~56~~ – 42 – 96 – 66 – 72   (Vielfache von 3)
158 – 246 – ~~375~~ – 482 – 538   (gerade Zahlen)
64 – 81 – 16 – 1 – ~~24~~   (Quadratzahlen)

Religion
Lukas – Matthäus – ~~Daniel~~ – Markus – Johannes   (Evangelisten)
Christentum – Judentum – ~~Shintuismus~~ – Buddhismus – Islam   (Weltreligionen)
Genesis – ~~Neutrum~~ – Exodus – Deuteronomium – Leviticus   (Bücher Mose)
Weihnachten – Ostern – ~~Namenstag~~ – Pfingsten – Christi Himmelfahrt   (Feiertage)

Geschichte/Sozialkunde
Jakobiner – Guillotine – Girondisten – Generalstände – ~~Reformation~~   (frz. Revolution)
Adenauer – Kohl – Brandt – ~~Schumacher~~ – Schröder   (dt. Bundeskanzler)
CDU – PDS – ~~DVU~~ – SPD – Grüne   (Parteien im Bundestag)
Kolumbus – Magellan – Leonardo da Vinci – ~~Achilles~~ – Gutenberg   (Erfinder und Entdecker)

Erdkunde
Paris – Kairo – ~~Sydney~~ – London – Quito   (Hauptstädte)
Afrika – ~~Grönland~~ – Europa – Asien – Australien   (Kontinente)
Ecuador – Bolivien – Uruguay – ~~Japan~~ – Venezuela   (Länder in Südamerika)
~~Saarbrücken~~ – Bingen – Koblenz – Landau – Mainz   (Städte in Rheinland-Pfalz)

Odd man out

What's wrong here?
Streiche den Begriff durch, der nicht in die Reihe passt!
Achte auf die Anfangsbuchstaben!

Partner-Interviews

ZIEL	• *Übungen im kommunikativen Bereich* • *Beitrag zur Teamentwicklung in der Lerngruppe (sich als Gemeinschaft erfahren)*
BESCHREIBUNG	Partner-Interviews eignen sich vor allem in der Kennenlernphase einer Lerngruppe, z. B. in der Orientierungsstufe bei Klassen-Neu-Zusammensetzungen oder in neu gebildeten Klassen bzw. Fach- oder Arbeitsgruppen. Sie sind Mut-mach-Übungen zum freien Sprechen und damit ein erster Schritt zum Gesprächstraining. Die Partner interviewen sich gegenseitig anhand vorher festgelegter Impulsfragen, die so ausgewählt sein sollten, dass sie Redereiz und Motivation zum Sprechen beinhalten („Wie gefällt dir unsere Schule?", „Welche Hobbys hast du?", „Wie soll dein zukünftiger Beruf aussehen?", „In welchem Land/an welchem Ort möchtest du am liebsten leben?" „Welches Buch hast du zuletzt gelesen und warum hat es dir gut gefallen bzw. nicht gefallen?", „Welche menschlichen Eigenschaften regen dich am meisten auf?" etc). Nach der Interviewphase (ca. 20 Minuten) stellt jeder seinen Partner im Plenum vor, verwendet dabei wesentliche Informationen aus dem vorangegangen Gespräch.
CHANCEN	☺ Man muss lernen zuzuhören, um die Informationen weitergeben zu können. ☺ Hilft Schülerinnen und Schülern sich besser kennen zu lernen. ☺ Hilft Schülerinnen und Schülern Unsicherheit zu bewältigen. ☺ Hilft Wir-Gefühl zu entwickeln und/oder zu stärken.
SCHWÄCHEN	☹ Sehr ängstlichen Schülern muss Mut zum Sprechen gemacht werden. ☹ Zufallspaarbildung birgt das Risiko, zwei Schülerinnen miteinander arbeiten zu lassen, die sich nicht mögen.
WEITERARBEIT	⇨ Gemeinsamkeiten der Lerngruppe sammeln und auf Plakate visualisieren.

Partner-Interviews

⇨ Rätsel entwickeln (Wer ist 11 Jahre, evangelisch und wohnt in …?)

MÖGLICHE THEMEN ⇨ Impulsfragen sind zu allen Themen möglich.

SONSTIGES Es bieten sich Zufalls-Partner-Konstellationen an, da hierbei noch genauer zugehört werden muss.
Wenn sich die Schülerinnen und Schüler bereits gut kennen, eignen sich Fragen, die im alltäglichen Gespräch weniger thematisiert werden („Was sind die drei überflüssigsten Dinge in der Welt?" „Wie kommst du mit deiner Familie aus?" „Soll man Umweltsünden härter ahnden?" etc.).

Partner-Interviews

Personalbogen

ZIEL	• *Genaue Beschreibung einer Person*
BESCHREIBUNG	Ein Personalbogen (z. B. für Behörden) kann für alle lebenden oder verstorbenen Personen in arbeitsteiliger Gruppenarbeit entwickelt werden. Wenn im Unterricht verschiedene Biografien besprochen worden sind, können die Schüler/innen die Personalbögen dieser Personen ohne Namensnennung vorstellen und die Mitschüler raten lassen.
CHANCEN	☺ Die Schüler/innen müssen die wichtigsten Angaben in den Personalbogen eintragen. Insofern sind Schlüsselbegriffe wichtig. ☺ Aufgrund des geringen Platzes muss sprachlich exakt gearbeitet werden.
SCHWÄCHEN	☹ Man kann sich in Detailangaben verlieren.
WEITERARBEIT	⇨ Tabelle mit wesentlichen Angaben der behandelten Personen. So können gut Vergleiche sichtbar gemacht werden. ⇨ Mind-Map ⇨ Zusätzliche Informationen aus Lexika oder Fachbüchern zusammentragen.
MÖGLICHE THEMEN	⇨ Autoren/Künstler einer bestimmten Epoche ⇨ Personen der Geschichte, der aktuellen Politik ⇨ Protagonisten einer Ganzschrift
SONSTIGES	Je nach Unterrichtsreihe und Intention des Lehrers bietet sich auch die Methode „Steckbrief" an.

Pyramidendiskussion

ZIEL
- *Intensive Auseinandersetzung mit unterschiedlichen Aussagen zu einer Thematik*

BESCHREIBUNG
Zu einem bestimmten Themenbereich erhalten die Schülerinnen und Schüler ein Arbeitsblatt mit mehreren Aussagen, teils positiver teils negativer Tendenz, aber auch provozierende, witzige, karikierende, satirische oder ironische Thesen. Eine Bewertungsskala (++, +, 0, -, --) wird festgelegt. In Einzelarbeit lesen die Schüler/innen nun die verschiedenen Äußerungen und jeder bewertet jede These zunächst für sich persönlich, indem ein Zeichen aus der Bewertungsskala hinter jede Aussage gesetzt wird.

In einer dann gebildeten Kleingruppe stellen sich die Schülerinnen und Schüler zunächst ihre Bewertungen vor und versuchen eine Reihenfolge der Aussagen von „voll zutreffend" zu „nicht zutreffend" zu finden, indem sie die Aussagen hinsichtlich dieser Wertigkeit durchnummerieren. Dabei können einige Thesen auch als gleich wichtig gekennzeichnet werden.

CHANCEN
- ☺ Schüler lernen andere durch Diskussion zu überzeugen und selbst überzeugt zu werden.
- ☺ Sprachliches und inhaltliches Abwägen von verschiedenen Aussagen.

SCHWÄCHEN
- ☹ Zeitlich aufwendiges Verfahren, die verschiedenen Gruppen sind unterschiedlich schnell fertig.

WEITERARBEIT
- ⇨ Die Schülerinnen und Schüler ergänzen Sprüche.
- ⇨ Es kann eine Metareflexion über das Diskussionsverhalten in der Gruppe durchgeführt werden (Wie ist das Gespräch gelaufen? Bei welchen Thesen gab es die größten Abweichungen in der Bewertung? Welche Schwierigkeiten sind bei der Pyramidendiskussion aufgetreten?).

MÖGLICHE THEMEN
- ⇨ Thesen zu anthropologisch-ethischen Themenbereichen.
- ⇨ Zu Beginn einer Unterrichtsreihe als ein „gelenktes Brain-storming" einsetzbar (Einstieg/Motivation).

Pyramidendiskussion

⇨ Am Ende einer Unterrichtsreihe durchführbar, um aufgeworfene oder zu kurz behandelte Fragen nochmals aufzugreifen (Sicherung/Festigung/Transfer).

SONSTIGES Die unterschiedlichen Aussagen können auch von der Lerngruppe zunächst gesammelt und dann bearbeitet werden.

Liebe/Freundschaft

1. Liebe macht blind.
2. Liebe und Sex gehören zusammen.
3. No risk – no fun.
4. Liebe ist stärker als der Tod.
5. Make love – not war.
6. Kleine Geschenke erhalten die Freundschaft.
7. Wie du mir, so ich dir.
8. Gleich und gleich gesellt sich gern.
9. Gegensätze ziehen sich an.
10. Zwei Freunde sollen einander helfen wie zwei Hände.
11. Wer jedes Freund sein will, ist niemands Freund.
12. Ein Freund, der unsere Schwächen nicht anspricht, ist wie ein Feind, der sie ausplaudert und ausnützt.

Pyramidendiskussion

Schneeballverfahren

ZIEL	• *Argumentieren und Diskutieren üben*
BESCHREIBUNG	Zunächst schreibt der Lehrer einen Impuls an die Tafel („Was ist ein guter Freund?"). In einer ersten Besinnungphase, die in Einzelarbeit stattfindet, notiert jede Schülerin und jeder Schüler 3 Vorteile / Nachteile / Ziele / Gründe / Maßnahmen / Fragen zu der Thematik. Nach dieser Einzelarbeit sollen die Schüler zum Sprechen und Diskutieren gebracht werden. Die Klasse wird dazu in Dreier-Zufallsgruppen aufgeteilt und aus den verschriftlichten Punkten sollen sie sich auf 4 wesentliche einigen, die wiederum niedergeschrieben werden. Danach werden zwei Gruppen zusammengeführt und diese Gruppen sollen sich nun auf fünf gemeinsame Punkte festlegen, die auf Kärtchen stichwortartig aufgeschrieben werden. Anschließend erfolgt die Präsentation im Plenum. An der Tafel bzw. an der Wandtafel entsteht eine Landschaft von Motiven, von Statements, von Stichwörtern.
CHANCEN	☺ Die Methode setzt einen intensiven Klärungsprozess in Gang. ☺ Das Wir-Gefühl wird gefördert. ☺ Man muss diskutieren, um auf einen gemeinsamen Nenner zu kommen. ☺ Man muss überlegen, welche Begriffe wichtig genug sind, um auf Kärtchen fixiert zu werden.
SCHWÄCHEN	☹ Eine sehr zeitaufwendige Methode, weil sie mit zwei aufeinanderfolgenden Gruppenarbeiten korrespondiert.
WEITERARBEIT	⇨ Pro- und Contra-Debatte ⇨ Die Kärtchen können nun umgehangen werden, indem sie Oberbegriffen neu zugeordnet werden.
MÖGLICHE THEMEN	⇨ Alle Themen, die in einem Brain-storming-Prozeß bearbeitet werden können. Immer dann einsetzbar, wenn Ideen gesammelt werden sollen.

Schneeballverfahren

SONSTIGES Eine Alternative besteht darin, Schülerinnen und Schülern einen Katalog mit mehreren Möglichkeiten an die Hand zu geben und nun muss eine bestimmte Prioritätenliste erstellt werden.

Mein zukünftiger Beruf

Wähle bitte aus folgenden Zielen diejenigen vier aus, die dir am wichtigsten sind und bringe sie in eine Reihenfolge von 1. bis 4.:
- sauberer und ordentlicher Arbeitsplatz
- freundliche Kolleginnen und Kollegen
- ein verständnisvoller Chef
- gute Bezahlung
- viel Urlaub
- Fortbildungen
- gute Karrierechancen
- sicherer Arbeitsplatz
- alleine arbeiten
- im Team arbeiten
- am Schreibtisch arbeiten
- handwerklich arbeiten
- am Computer arbeiten
- mit Menschen zu tun haben
- mit Tieren zu tun haben
- feste Arbeitszeiten
- flexible Arbeitszeiten
- ……………

Lege hier bitte deine persönliche Reihenfolge fest:

1. ………………………………
2. ………………………………
3. ………………………………
4. ………………………………

Schneeballverfahren

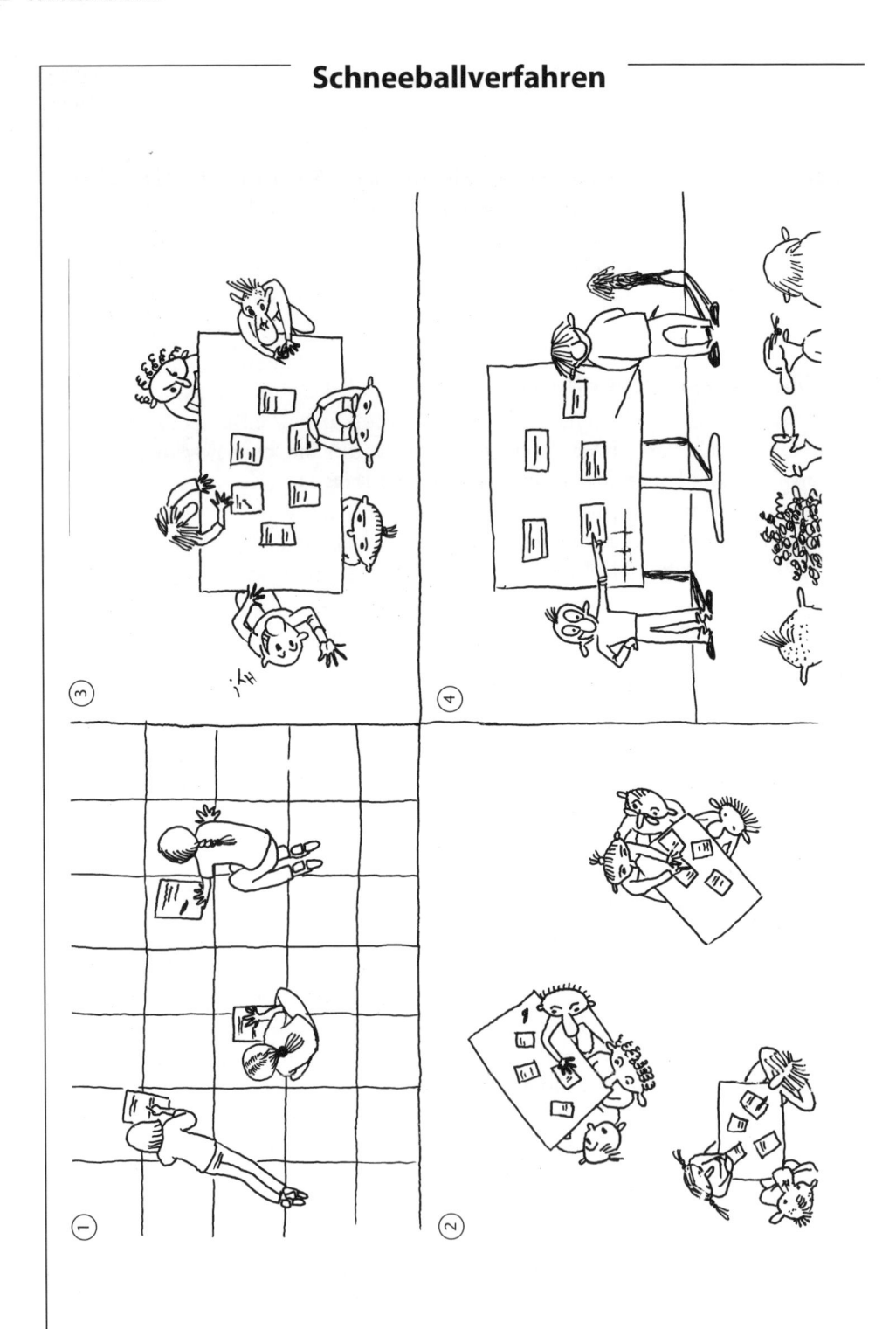

Schreibgespräch

ZIEL
- *Ideen und Beiträge zu einer Thematik finden und schriftlich diskutieren*

BESCHREIBUNG
Die Schüler werden in Kleingruppen zu je 6–8 Personen eingeteilt. Ein großer Bogen Papier oder ein Plakat werden in die Mitte eines Arbeitstisches platziert und ein Filzstift pro Gruppe wird hinzugelegt. Die Gruppe setzt sich im Halbkreis vor ihren Arbeitstisch. Man muss unbedingt darauf achten, dass alle die schriftliche Diskussion gut verfolgen können. Die entscheidende Regel beim Schreibgespräch ist, nicht miteinander zu sprechen. Das Schreibgespräch gliedert sich in zwei Phasen:

1. In den ersten 20–30 Minuten (je nach Thema und Altersstufe) sollen die Schüler ausschließlich schriftlich das Thema bearbeiten. Wer einen Gedanken zum Thema äußern möchte, schreibt ihn mit Filzstift auf den Papierbogen. Die anderen Schüler der jeweiligen Kleingruppe können ihrerseits nun den Impuls des Vorschreibers aufgreifen und führen durch Beiträge unterschiedlicher Art das Schreibgespräch fort. Jeder kann das hinschreiben, was er möchte. Bei Unklarheiten kann man ein Wort einfügen, ergänzen, ein Fragezeichen, ein Ausrufezeichen setzen, es können sich immer weiterentwickelnde Verästelungen ergeben oder konzentrische Kreise entstehen. Man kann auch etwas malen; Wörter, Sätze, Bemerkungen, Fragen, Gegenfragen, Antworten, Pfeile, Verbindungslinien, Unterstreichungen sind ebenfalls erlaubt.

2. In einer zweiten Arbeitsphase (ca. 15–20 Minuten) führen die Teilnehmer das Gespräch mündlich weiter. Man kann darüber sprechen, wie es den Schülern bei dieser Diskussion ergangen ist, wie die Reihenfolge der Beiträge sich gestaltet hat, was evtl. nicht mehr aufzuschreiben war oder was man sich vielleicht auch nicht getraut hat, aufzuschreiben. Es ist interessant zu diskutieren, an welchen Stellen gute Ideen „sprudelten" und wo die Diskussion eine Richtung eingenommen hat, die einigen nicht gefiel oder man eine Entstehung nicht nachvollziehen konnte. Schüler überlegen, an welchen

Schreibgespräch

Stellen sich bestimmte „Gedankenklumpen" festsetzten, d.h. welche Themenbereiche interessierten mehr als andere. Dies ist visuell auf dem Plakat gut zu erkennen.

CHANCEN
- ☺ Die Methode bringt starke Konzentrationsfähigkeit bei Schülern zu Tage, es wird auf ganz wesentliche Aspekte geachtet.
- ☺ Intensive Auseinandersetzung mit dem vorgegebenen Thema, Problemfall, Stichwort, Zitat. Weniger redegewandte und stille Schüler werden mehr aktiviert als im Unterrichtsgespräch oder in kommunikativen Methoden.
- ☺ Mitschüler werden genötigt, Beiträge anderer zuzulassen (konstruktiver Zwang).
- ☺ Argumente werden ergänzt, in Frage gestellt, gebündelt, miteinander in eine bestimmte Beziehung gesetzt etc.
- ☺ Keiner kann dem anderen ins Wort fallen, dies weckt Neugier und macht Spaß.
- ☺ Nichts ist falsch oder wird abgewertet, alles kann mitgeteilt werden und alles, was aufgeschrieben wird, bleibt stehen.
- ☺ Das Geschriebene verflüchtigt sich nicht wie das gesprochene Wort.
- ☺ Es entsteht ein weites Spektrum von Meinungen und verschiedenen Beiträgen.

SCHWÄCHEN
- ☹ Zeitaufwändig
- ☹ Schüler müssen Geduld aufbringen, dies fällt erfahrungsgemäß hedonistischen Kindern sehr schwer.

WEITERARBEIT
- ⇨ Die Plakate können nun im Uhrzeigersinn ausgetauscht werden, so dass die Gruppen verschiedene Entstehungen der Schreibdiskussion anderer Gruppen nachvollziehen können und ggfs. Fragen stellen. So kann sich eine Diskussionsrunde anschließen.
- ⇨ Es können nun bestimmte Oberbegriffe gebildet werden, die besonders wichtig sind und in einem Tafelbild fixiert und durch Ergänzungen erläutert werden.

Schreibgespräch

MÖGLICHE THEMEN ⇨ Diese Methode eignet sich in jeder Phase einer Unterrichtseinheit:
– als Initialphase zu verschiedenen Themen wie Kirche, Liebe, Tod, Weihnachten, Gewalt, Vorurteile, Diktatur etc.
– als Zwischenschritt und Teilsicherung (Buddhismus, Hinduismus, Islam, Weimarer Republik, der Euro, das vereinte Europa etc.).
– je nach Thema auch am Ende einer Reihe, wenn mit einem provozierenden Zitat gearbeitet werden soll („Macht euch die Erde untertan").
– als Stoffsammlung zu einem Thema, das in anderem Zusammenhang schon angesprochen wurde. Hier erhält der Lehrer wichtige Informationen, was an Wissen bereits da ist und was evtl. noch besprochen werden muss.

SONSTIGES Man kann diese Methode auch mit mehreren Stiften durchführen. Auf diese Art entsteht eine schnellere und umfangreichere Sammlung. Die Konzentration auf den vorherigen Schreiber geht aber verloren.

Schreibgespräch

Schreib- und Erzählimpulse

ZIEL
- *Kreatives Schreiben bzw. Erzählen*
- *Sich in andere Personen, Tiere oder Gegenstände hineindenken*
- *Eigene Geschichten konzipieren und entwickeln.*

BESCHREIBUNG

Die Schülerinnen und Schüler erhalten je einen Schreib- bzw. Erzählimpuls (siehe folgende Seiten). Auf dem Arbeitsblatt ist eine Person, ein Tier oder ein Gegenstand abgebildet und ein zum Bild passender Einleitungssatz. Die Kinder sollen unter Zuhilfenahme dieses Impulses eine eigene Geschichte schreiben bzw. sich eine Geschichte überlegen und diese dann erzählen.

Dies kann in Partnerkonstellationen oder in Kleingruppen mit drei oder vier Teilnehmern geschehen.

Sinnvoll ist es, den Kindern mehrere Impulse zur Verfügung zu stellen, damit sie eine Auswahlmöglichkeit haben und die Geschichte bearbeiten, die ihnen am ehesten zusagt. Erfahrungsgemäß sind drei oder vier Impulse dafür die geeignete Anzahl.

CHANCEN
- ☺ Die Schüler üben sich im freien Reden bzw. Schreiben.
- ☺ Das aktive Zuhören kann zusätzlich trainiert werden, wenn jeder Erzähler bzw. Vorleser noch einige Verständnisfragen zu seiner Geschichte formuliert, die die Zuhörer beantworten müssen.
- ☺ Die Kinder lernen, sich in eine Figur hineinzuversetzen und aus veränderter Perspektive zu sprechen, zu argumentieren, zu denken und zu handeln.

SCHWÄCHEN
- ☹ Der Prozess zu einer Verschriftlichung dauert bei den Schülerinnen und Schülern einer Klasse erfahrungsgemäß unterschiedlich lange. Es empfiehlt sich daher, die Impulse als vorbereitende Hausaufgabe aufzugeben und dann in der Stunde zu präsentieren.

WEITERARBEIT
- ⇨ Es können Kleingruppen gebildet werden, deren Mitglieder jeweils ihre Geschichte wechselseitig erzählen bzw. vorlesen. So schafft man einen „angstfreien Raum", in dem sich Schülerinnen und Schüler viel wohler und sicherer fühlen als im Klassenplenum.

Schreib- und Erzählimpulse

MÖGLICHE THEMEN ⇨ Die Themen ergeben sich aus den von der Lehrkraft bereitgestellten Impulsen. Die dafür benötigten Bilder können aus (Schul-) Büchern, Zeitschriften, Zeitungen, Comics oder Computer- Clip Arts entnommen werden. Natürlich sind auch Fotos geeignet.

SONSTIGES Man kann mit Erzählimpulsen eine Schlüsselbegriffübung verbinden, indem man den Schülerinnen und Schülern erlaubt, ihre Geschichte mit Hilfe eines Spickzettels zu erzählen. Auf diesem Zettel sollte nur eine bestimmte (vom Lehrer vorgegebene) Anzahl von Wörtern erlaubt sein. Dadurch lernen die Schülerinnen und Schüler, dass nur wichtige Begriffe auf ihrem Spickzettel ihnen weiterhelfen- die sogenannten Schlüsselbegriffe.

Schreib- und Erzählimpulse

Theo, der Regenschirm, hing schon seit zwei Wochen an einem Haken im Fundbüro ...

Schreib- und Erzählimpulse

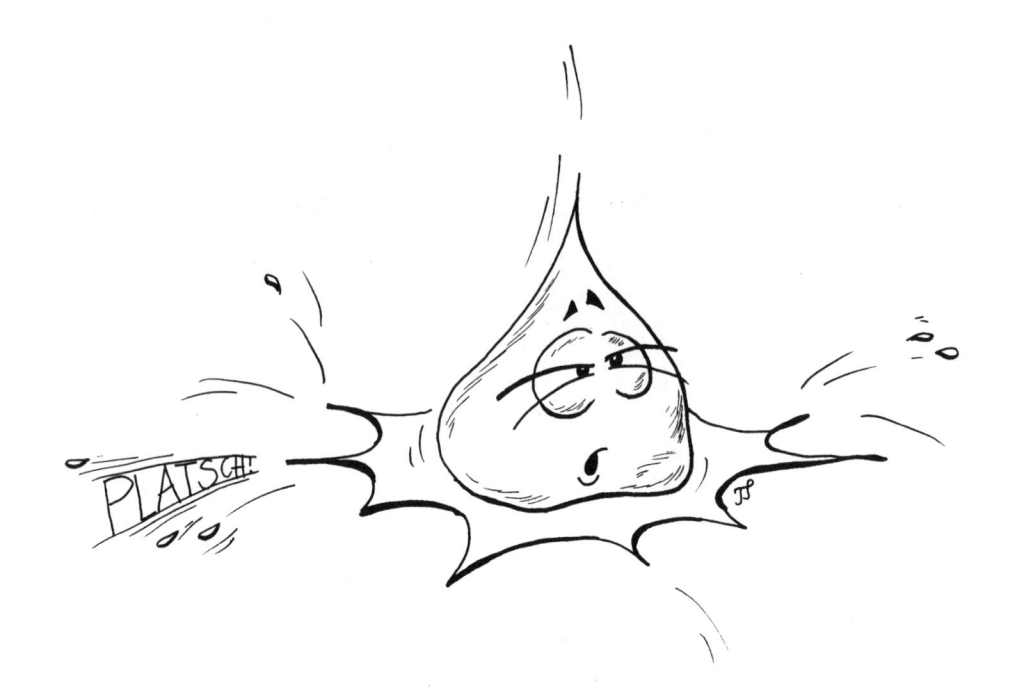

Der Regentropfen platschte auf das Fensterbrett und blinzelte in das hell erleuchtete Zimmer.

Schreib- und Erzählimpulse

Der kleine Peter stand mit seiner Schultüte ganz alleine vor dem großen weißen Gebäude. Es war nun Zeit hineinzugehen...

Schreib- und Erzählimpulse

Bis gestern war Fridolin mit seinem Leben sehr zufrieden gewesen. Doch dann passierte Folgendes:

Schriftbild

ZIEL	• *Visualisierung eines Gegenstandes durch mehrmaliges Wiederholen seines Namens / seiner Bezeichnung* • *Erzeugung von Hell-Dunkel-Werten mit Hilfe von Schriftelementen*
BESCHREIBUNG	Die Schülerinnen und Schüler suchen sich ein Bildthema (Landschaft, Stillleben) aus und skizzieren mit einem Bleistift die Umrisslinien. In einem zweiten Arbeitsschritt werden diese Umrisse nur mit dem jeweiligen Objektnamen ausgefüllt, so dass ein Bild aus Wörtern entsteht (siehe Schülerinarbeit). Durch unterschiedliche Schriftgrößen, verschiedene Strichstärken, sich überkreuzende Wörter und / oder durch Variation der Abstände wird die plastische Wirkung des Bildes unterstützt.
CHANCEN	☺ Diese Methode eröffnet andere Möglichkeiten des Zeichnens; die Schülerinnen und Schüler erfahren, dass man auch nur mit Schrift zeichnen kann. ☺ Das genaue Hinsehen und Beobachten wird geschult, da ein Gesamtzusammenhang in seine Einzelelemente zerlegt werden muss.
SCHWÄCHEN	☹ Das Ergebnis kann unübersichtlich werden, wenn beispielsweise die Wörter zu dicht gesetzt werden oder die Schriftgröße nicht genügend variiert wird.
WEITERARBEIT	⇨ Schülerinnen und Schüler tauschen die Bilder untereinander und versuchen das Schriftbild des Partners als Gemälde wiederzugeben. Anschließend werden die beiden Werke verglichen. ⇨ Kleine Ausstellung ⇨ Markt ⇨ Museumsgang ⇨ Präsentation und Besprechung im Klassenplenum
MÖGLICHE THEMEN	⇨ Stillleben in verschiedenen Variationen ⇨ Wald ⇨ Brücken ⇨ See ⇨ Bäume

Schriftbild

⇨ Wiesen

SONSTIGES Alternativ kann den Schülerinnen und Schülern eine Vorgabe (Kunstdruck, Kalenderblatt, Fotografie etc.) gezeigt werden, die dann in einem folgenden Arbeitsschritt als Schriftbild umgesetzt werden soll.

Schriftbild

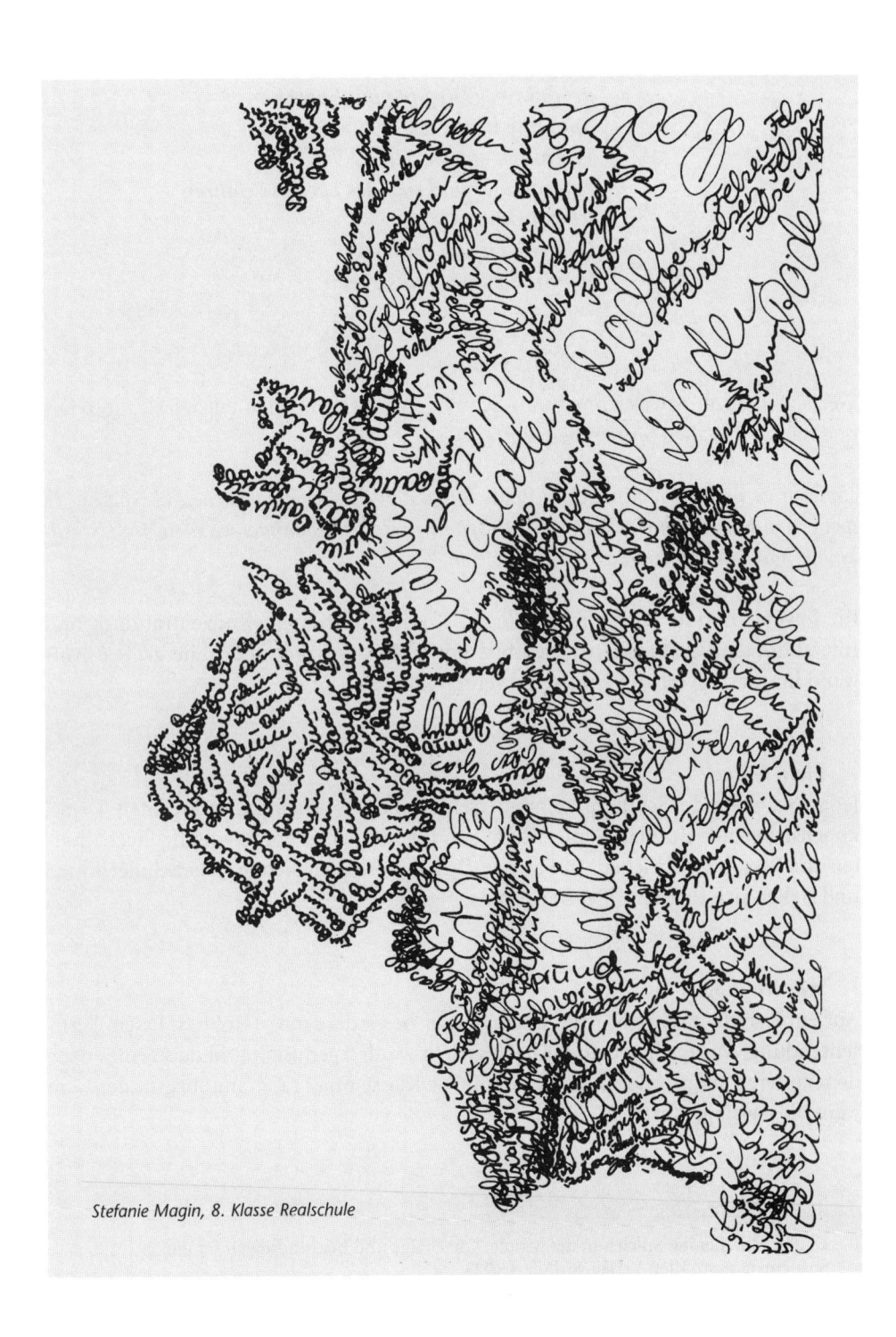

Stefanie Magin, 8. Klasse Realschule

Spielformen

ZIEL
- *Sich kennen lernen*
- *Produktiver Umgang mit Sprache*
- *Kontakte initiieren*
- *Vertrauen entwickeln*
- *Emotionales und soziales Lernen erfahren*
- *Ich-Stärkung*
- *Das Wir-Gefühl fördern*
- *Konfliktlösungen anstreben*

Wer spielt, lernt. Schülerinnen und Schüler sind beim Spielen engagiert, motiviert und häufig mit allen Sinnen beteiligt.

„Spielen ist in der frühkindlichen Phase lange Zeit die Basis für Lernen überhaupt. In den ersten Jahren kann es geradezu als Synonym dafür verstanden werden. Und Schulkinder hören viele Jahre nicht auf zu spielen."[1]

Im folgenden sind einige Kennenlern-, Kommunikations-, Konzentrations- und Interaktionsspiele aufgeführt, die ohne große Vorbereitung und ohne großen Aufwand im Klassenverband eingesetzt werden können.

- *Mein Name*

Jeder Schüler/jede Schülerin schreibt seinen/ihren Namen in senkrechten Druckbuchstaben auf ein Blatt Papier. Zu jedem Buchstaben werden typische Eigenschaften zur Person geschrieben. In Partnerarbeit unterhalten sich je zwei Schüler/innen und stellen sich dann im Plenum gegenseitig vor.

- *Was ich mag*

Auf ein Kärtchen schreibt jeder etwas, das er besonders mag (Hobbys, Essen, Fernsehsendung, Musik, Sport etc.). Alle Kärtchen werden gemischt und dann eines nach dem anderen aufgedeckt und vorgelesen. Die Klasse muss raten und begründen, von wem die jeweilige Karte ist.

---

[1] Daublebsky, Benita: Spielen in der Schule, Vorschläge und Begründungen für ein Spielcurriculum. Klett Verlag, Stuttgart 1973

Spielformen

- *Zwei Eigenschaften*

Ein Schüler nennt zwei Eigenschaften. Jeder sucht nun etwas (einen Gegenstand, ein Tier, einen Mensch etc.), auf das beide Charakteristika zutreffen. Wer am schnellsten eine richtige Antwort gibt, erhält einen Punkt. Alternativ kann auch der kreativste Einfall mit einem Punkt belohnt werden.

- *Wer wird Kapitän?*

Jeder Spieler erhält 25 Streichhölzer. Reihum muss nun jeder zwei bis drei Hölzer an einen Mitspieler vergeben und (positiv) begründen, warum dieser die Streichhölzer erhält („Ich gebe dir 3 Streichhölzer, weil du im Sportunterricht sehr fair bist"). Nach einer vorher festgelegten Zeit ist das Spiel zuende und der Spieler mit den meisten Hölzern ist Kapitän geworden.

- *Was wäre ich, wenn ich ein x wäre*

Jeder Schüler/jede Schülerin erhält ein Blatt mit Halbsätzen: Was wäre ich, wenn ich ein Tier/ein Auto/ein Beruf/eine Pflanze/ein Essen/Musik/eine Farbe etc. wäre. Jeder Spieler beendet die Sätze. Die Blätter werden eingesammelt. Die Lerngruppe errät, wer sich hinter den Assoziationen verbirgt.

- *Meine Wahrnehmung*

Zwei Partner sitzen sich gegenüber und betrachten sich genau. Es darf nicht gesprochen werden. Einer muss sich umdrehen, der andere verändert eine Kleinigkeit an sich. Findet der Partner den Unterschied? Jeder Partner darf viermal eine Änderung vollziehen.
Ein Gespräch schließt sich an: Welche Änderungen waren schwierig, welche waren einfach zu erkennen?

- *Jung – alt*

Die Schülerinnen und Schüler bewegen sich im Klassenraum. Leise Musik kann diese Übung unterstützen. Der Lehrer ruft eine Zahl: 20. Alsdann gehen die Schülerinnen wie eine 20-jährige, bei 70 wie eine 70-jährige, bei 1 krabbeln sie wie eine Einjährige. Eine Auswertung im Plenum schließt sich an: Wie habe ich mich gefühlt? Was habe ich erlebt?

Spielformen

- *Die Familie*

Alle Schülerinnen und Schüler befinden sich im Sitzkreis. Jedes Kind bekommt die Rolle eines Familienmitgliedes (Oma, Opa, Vater, Mutter, Onkel, Tante, Cousin, Cousine,…) zugeteilt (z. B. mittels vorgefertigter Kärtchen). Der Lehrer erzählt den Anfang einer Geschichte, in der alle vorhanden Personen eingebaut sind und die in eine zu klärenden Situation oder in einem Konflikt mündet. An genau dieser Stelle hält er inne und die beteiligten Personen müssen die Situation weiterspielen.
Je nach Schwierigkeitsgrad von Klasse 1–13 einsetzbar (auch im Fremdsprachenunterricht).

- *Blindenspaziergang*

Es werden Partnerkonstellationen gebildet. Dann werden einem Schüler die Augen verbunden, sein Partner führt ihn und achtet darauf, dass er nicht an Gegenstände oder andere Personen stößt. Nach zehn Minuten werden die Konstellationen gewechselt. Der Blindenspaziergang sollte schweigend durchgeführt werden. Besonders sensible Partner ermöglichen dem Blinden die Möglichkeit, Dinge zu ertasten, Pflanzen zu riechen, Klänge zu hören – dies aber alles ohne Worte.

- *Malen nach Vorgabe*

Die Schülerinnen und Schüler simulieren einen Zeichenwettbewerb, die besten unter ihnen erhalten das Maldiplom.
Auf jedem Zeichenblatt sind schon Vorgaben aufgedruckt (zwei Rechtecke, ein großes Quadrat, Kreise, zwei Dreiecke etc.). Diese Anordnungen müssen in die Zeichnung integriert werden (Dreiecke werden zu Körpern, Kreise zu Köpfen etc.).

Diese Spielform ist nicht nur in der Primarstufe einsetzbar, sondern auch bei älteren Schülerinnen und Schülern. So kann beispielsweise ein Ausschnitt aus einem berühmten Kunstwerk herauskopiert und als Vorgabe verwendet werden (z. B. die sich berührenden Hände aus Michelangelos „die Erschaffung des Adam").

Spielformen

Alternativ kann man auch ein Photo bzw. die Darstellung eines Tieres aus einer Zeitschrift ausschneiden, das Bild in der Mitte teilen, so dass eine obere und untere Hälfte entsteht. Dann sollen die Schülerinnen und Schüler zu einem dieser Teile eine phantasievolle Ergänzung zeichnen.
Als Weiterarbeit kann ein kreativer Name für die neu entstandene Figur gesucht werden.

- *Personen auf dem Rücken*

Jeder Schüler/jede Schülerin bekommt ein Kärtchen auf seinen Rücken geheftet, auf dem der Name einer bekannten Persönlichkeit zu lesen ist. Durch Fragen an das Plenum wird nun versucht, die Identität der Person herauszufinden. Man beginnt reihum und man darf solange Fragen stellen, bis man ein „Nein" als Antwort erhält.

Je nach Intention auch in thematischen Unterrichtsreihen einsetzbar (Sozialkunde: bekannte Politiker / Geschichte: Personen der Weimarer Republik / Englisch: family members; pets / Deutsch: Autoren einer bestimmten Epoche).

- *Wollknäuel*

Es werden zwei Schülergruppen gebildet, die gegeneinander spielen und sich im Klassenraum in zwei Reihen gegenübersitzen. Ein Schüler wirft ein Wollknäuel einem Teilnehmer der anderen Gruppe zu und stellt eine (im Kopf lösbare) Rechenaufgabe. Der angesprochene Schüler hat fünf Sekunden Zeit, diese Frage zu beantworten. Schafft er es, so erhält seine Gruppe einen Punkt. Anschließend darf er das Wollknäuel werfen und eine Aufgabe stellen.

Denkbar auch mit Wissensfragen zum Unterrichtsthema, sehr gut in Sicherungs- und Wiederholungsphasen einsetzbar.

- *Buchstabensalat*

Die Klasse teilt sich in Kleingruppen, bestehend aus drei bis vier Schülerinnen und Schülern. An die Tafel wird ein Wort geschrieben (z. B. „Eisenbahn"). Jede Gruppe versucht mit den Einzelbuchstaben dieses Begriffes möglichst viele neue Wörter zu bilden (z. B. „in", „an", „Ei", „ein", „Eisen", „sein", „hin" etc.).
Diese Spielform ist auch im Fremdsprachenunterricht gut einsetzbar.
Alternativ kann auch ein Buchstabenkreuzworträtsel bzw. ein Buchstabendomino gespielt werden (siehe Beispiele):

Spielformen

Buchstabenkreuzworträtsel

```
H U N D
H
R A B E
A
E L T E R N
L
```

Buchstabendomino

```
K A T Z E
      R
      D
E I S E N
      A
      S
      E
```

- **Wappen**

Die Schülerinnen und Schüler erhalten die Aufgabe, ein persönliches Wappen zu entwerfen. Dabei müssen sie sich Gedanken machen, welche Symbole und Visualisierungen charakteristisch und treffend für sie sind. So gibt jeder einiges über sich preis, kann aber selbst entscheiden, wie weit er ins Detail gehen möchte.

Die Wappen werden an die Tafel gehängt und jeder Zeichner/jede Zeichnerin erläutert sein/ihr Werk.

Alternativ können die Bilder anonym im Klassensaal ausgestellt werden (siehe „Museumsgang") und die Klasse spekuliert, wer welches Wappen hergestellt hat. So erhalten die jeweiligen Zeichner auch ein Feedback über ihre Person.

- **Stuhlmühle**

Schülerinnen und Schüler werden in Dreierteams ausgelost. Im Klassenraum müssen dann neun Stühle so angeordnet werden, dass sie in 3x3 Reihen ein Quadrat bilden. Zwei Gruppen treten jeweils gegeneinander an. Abwechselnd muss je ein Schüler/eine Schülerin einen Stuhl besetzen:

Zuerst Spieler 1 aus Mannschaft A, dann Spieler 1 aus Mannschaft B, Spieler 2 aus Mannschaft A etc.

Nachdem alle auf Stühlen sitzen, platziert sich Spieler 1 Mannschaft A auf einen anderen Stuhl, dann Spieler 1 Mannschaft B etc..

Spielformen

Ziel des Spieles ist es, eine Mühle zu bilden, d.h. drei Stühle in einer senkrechten, waagrechten oder diagonalen Reihe müssen von einem Team besetzt sein.
Während der gesamten Spielphasen darf nicht gesprochen werden.

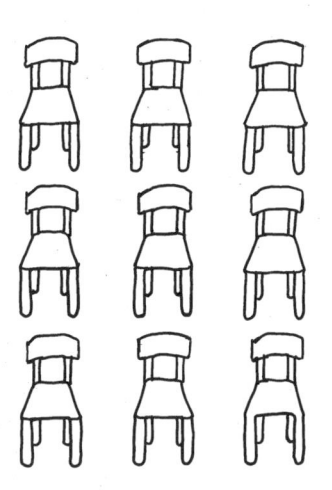

- *Atome*

Alle Schülerinnen und Schüler bewegen sich im Klassenraum. Der Lehrer ruft eine Zahl, z. B. „vier". Nun müssen sich vier Schülerinnen und Schüler zusammenfinden. Wer keine Gruppe gefunden hat, scheidet aus.

- *Zahlen rufen*

An der Tafel werden schriftlich Zahlen mit ihrer jeweils festgelegten Spielbedeutung geschrieben:

1 – „Auf den Boden setzen"
2 – „Auf dem rechten Bein stehen"
3 – „Kniebeugen machen"
4 – „Sich auf den Bauch legen"

Die Schülerinnen und Schüler gehen im Klassensaal (oder in der Turnhalle) umher. Tische und Stühle sind zur Seite geschoben.
Der Lehrer ruft eine der festgelegten Zahlen und jeder muss nun die entsprechende Aufgabe erfüllen. Wem dies zuletzt gelingt oder wer es falsch macht, der scheidet aus. Am Ende bleibt ein Sieger übrig.
Das Spiel ist sehr geeignet, um Bewegung in die Klasse zu bringen, besonders nach langen Stillarbeitsphasen oder Klassenarbeiten.

Spielformen

- *Erbsenmonster*

Jeder Schüler/jede Schülerin erhält vier Erbsen. Die Spieler bewegen sich frei im Klassenraum, leise Musik begleitet sie. Wenn die Musik aussetzt, bilden je zwei Schüler/innen ein Paar und stellen sich gegenseitig Fragen. Dabei muss in jeder Frage und Antwort der Name des Partners genannt werden. „Treibst du Sport, Peter?" „Ich spiele gerne Handball, Klaus". Die Schülerinnen und Schüler dürfen die Fragen nicht mit „Ja" oder „Nein" beantworten. Geschieht dies, muss eine Erbse an den Frager gegeben werden. Wer am Ende des Spiels die meisten Erbsen hat, bekommt den Ehrentitel „Erbsenmonster".
Das Spiel ist auch sehr gut im Fremdsprachenunterricht einzusetzen.

- *Eisscholle*

Jeder Schüler / jede Schülerin stellt sich vor, er/sie sei ein Pinguin und alle Tiere stünden dicht nebeneinander auf einer Eisscholle (=ein großes Blatt Zeitungspapier). Es wird langsam wärmer und das Eis beginnt allmählich zu schmelzen (=der Lehrer verkleinert die Eisscholle, indem er das Zeitungspapier durch Abreißen von Streifen reduziert). Die Scholle treibt in immer wärmere Gefilde; sie wird kleiner und kleiner. Die Schülerinnen und Schüler müssen sich gegenseitig festhalten und einander helfen, um nicht von der Eisscholle herunterzustürzen. Ziel des Spieles ist es, mit allen Mitgliedern der Lerngruppe (=Pinguine) auf einem möglichst kleinen Zeitungspapier zu verbleiben.
Das Spiel kann auch als kleiner Wettbewerb mit mehreren Gruppen gespielt werden.

- *Ich bin du*

Jedes Kind / jeder Jugendliche schreibt seinen Namen auf einen Zettel. Alle Blätter werden eingesammelt und gemischt. Dann erhält jeder einen neuen Zettel mit dem Namen eines Klassenkameraden / einer Klassenkameradin. Nun vollendet jeder vorgegebene Halbsätze in Ich-Form, z. B.:

„Ich kann sehr gut…"
„Ich mag…"
„Ich freue mich auf…"
„Ich lese gern…"

Anschließend soll der Name der vorgestellten Person erraten werden.
Es ist darauf zu achten, dass die vorgegebenen Halbsätze nur positiv zu Ende geführt werden (damit also nur positive Signale an die betreffenden Personen rückgemeldet werden).

Spielformen

- *Was wir mögen / was wir nicht mögen*

Die Klasse wird in Dreiergruppen aufgeteilt. Jede Kleingruppe erhält folgendes Arbeitsblatt:

Unsere Namen: ……….   ……….   ……….

Das sind drei Dinge, die wir mögen:
                1. ……….
                2. ……….
                3. ……….

Diese drei Sachen mögen wir nicht:
                1. ……….
                2. ……….
                3. ……….

Die Gruppenmitglieder müssen Vorschläge machen, diskutieren und sich auf jeweils drei „Elemente" einigen, um auf einen gemeinsamen Nenner zu kommen.

Stationengespräch

ZIEL
- *Aufgaben gemeinsam in der Gruppe lösen*
- *Konsens herstellen*

BESCHREIBUNG

Mehrere Aufgaben zu einem Thema (siehe die PISA- Aufgaben auf den folgenden Seiten) werden auf verschiedenen Tischen im Klassenraum deponiert und mit den Buchstaben a), b), c) etc. versehen. Durch Zufallsgenerator werden die Schülerinnen und Schüler jeweils einer Aufgabe zugeteilt.

In einer vorgegebenen Zeit müssen die Gruppenmitglieder die Aufgabe lösen und zwar derart, dass auch das leistungsschwächste Gruppenmitglied den Lösungsweg versteht, ihn nachvollziehen und erklären kann. Leistungsstärkere Schülerinnen und Schüler fungieren dabei als Helfer.

Nachdem die Arbeitszeit abgelaufen ist und die Lehrkraft dies durch ein Klingelzeichen signalisiert hat, wechseln die Schüler zur nächsten Aufgabe (von a) zu b); von b) zu c); von c) zu d) usw.). Nun wird die nächste Aufgabe bearbeitet. So geht es reihum weiter, bis sich alle Gruppen mit allen vorgegebenen Aufgaben auseinandergesetzt haben.

Dann werden aus jeder Gruppe zwei Schüler ausgelost, die jeweils eine Aufgabe vorlesen, den Lösungsweg erläutern und die Lösung nennen. Bei unterschiedlichen Ergebnissen aus anderen Gruppen können diese sich einschalten, ihre Lösung nennen und begründen. Gegebenenfalls muss sich die Lehrkraft die Aufgabe im Plenum nochmals besprechen.

CHANCEN

☺ Die Schüler müssen diskutieren, argumentieren und evtl. ihre Ideen überdenken, um zu einer gemeinsamen Lösung zu kommen.

☺ Es entsteht ein „konstruktiver Zwang"; d.h. jeder beteiligt sich an der Gruppenarbeit, da jedes Gruppenmitglied am Ende als Gruppensprecher ausgelost werden kann.

☺ Es entstehen Helfersysteme: Leistungsstärkere Schüler befinden sich in der Lehrerrolle.
Hinzu kommt, dass Schülerinnen und Schüler Kritik und Belehrungen von Klassenkameraden in der Kleingruppe eher annehmen als vom Lehrer im Plenum.

Stationengespräch

SCHWÄCHEN
- ☹ Die Zeitvorgabe für jede Station muss so gewählt werden, dass jede Aufgabe von jeder Gruppe gelöst werden kann. Zuwenig Zeit ist für die Gruppen unbefriedigend; zuviel Zeit kann zu verstärkter Unruhe führen.
- ☹ Es muss darauf geachtet werden, dass nicht einige wenige Gruppenmitglieder so dominieren, dass eigentlich Einzelarbeit mit Zuhörern stattfindet. Daher muss der Lehrer / die Lehrerin in die verschiedenen Gruppen hineinschauen.

WEITERARBEIT
- ⇨ Teampräsentationen bei komplexen Aufgaben.
- ⇨ (Podiums-)Diskussion mit ausgewählten Gruppensprechern.

MÖGLICHE THEMEN
- ⇨ Bei allen arbeitsteiligen Gruppenarbeiten einsetzbar. Sehr gut auch im Mathematik bzw naturwissenschaftlichen Unterricht zu verwenden.

SONSTIGES
Verwandte Methode zur Arbeitsform „Karikaturenrallye". Statt auf Tischen können die Aufgaben auch an verschiedene Stellen im Klassenraum an die Wand gehängt werden.
Bei sehr schwierigen Aufgaben sollte auf eine Zufallsgruppenbildung verzichtet werden, da sonst einige Gruppen aufgrund einer ungünstigen Zusammensetzung überfordert sein könnten. Alternativ empfiehlt es sich, leistungsstarke Schüler als „Gruppenköpfe" zu setzen und die übrigen Kinder in die Gruppen hineinzulosen.

Stationengespräch

MILCH IM TEE

Mr. McNeill hat sich gerade eine Tasse heißen Tee gekocht und will kalte Milch hinzugießen, als das Telefon klingelt. Mr. McNeill möchte den Tee möglichst heiß trinken, wenn er das Telefonat beendet hat.
Was sollte er tun?

a) Es ist egal, wann er die Milch hinzufügt.
b) Er sollte die Milch dazugießen, bevor er telefoniert.
c) Er sollte die Milch erst nach dem Telefonat dazugießen.

Stationengespräch

DIE TOMATE

Auf einer Discoparty ist ein reichhaltiges Büffet aufgebaut. Petra hat sich gerade zwei Tomaten auf ihren Teller geladen, als plötzlich die Lichtanlage auf „Grün" schaltet. Welche Farbe haben die Tomaten auf Petras Teller jetzt?

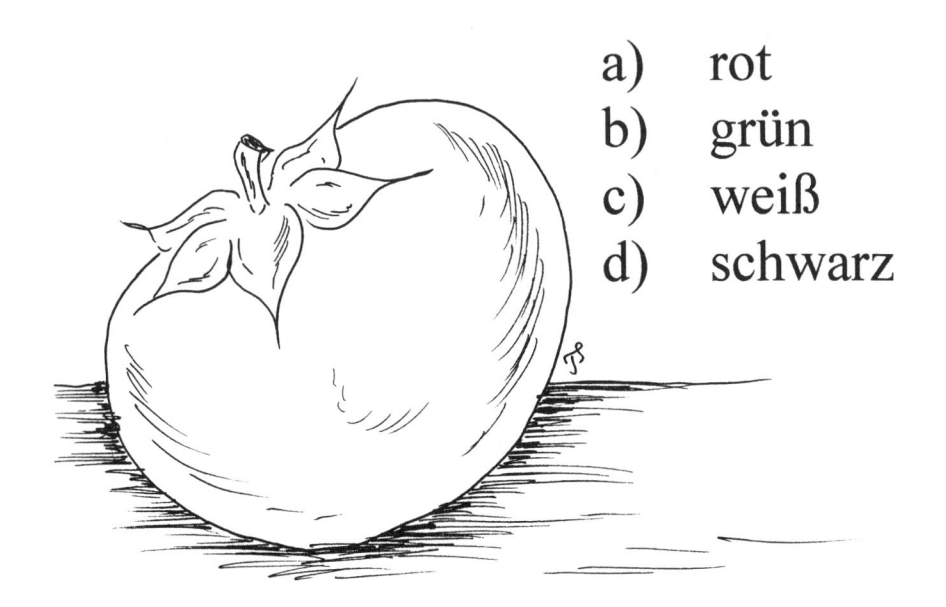

a) rot
b) grün
c) weiß
d) schwarz

Stationengespräch

Tiefkühlkost

Am Montagmorgen wird für mehrere Stunden der Strom abgestellt. Was macht Frau Schmitt mit dem gefrorenen Festtagsbraten?

a) Sie legt ihn ins Waschbecken.
b) Sie deponiert ihn unter der Bettdecke.
c) Sie stellt ihn vor den Ventilator.
d) Sie legt ihn in die Speisekammer.

Stationengespräch

Der Goldbarren

Auf einem See schwimmt eine Luftmatratze, auf der sich ein Goldbarren befindet. Der Goldbarren fällt ins Wasser.
Wie verändert sich der Wasserstand?

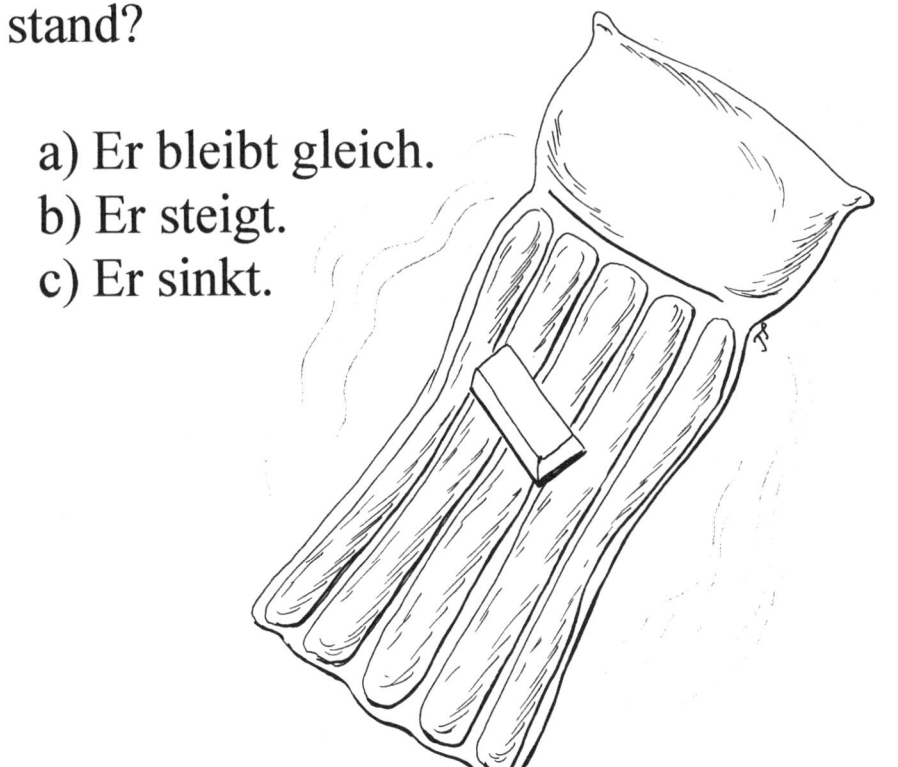

a) Er bleibt gleich.
b) Er steigt.
c) Er sinkt.

Stationengespräch

Die Möhren

Frau Stahl kauft zwei frische junge Möhren. Von einer entfernt sie das Grün, von der anderen nicht. Nach einer Woche holt Frau Stahl die Möhren aus dem Gemüsefach. Welche Möhre ist immer noch knackig frisch?

a) Die Möhre mit Grün.
b) Die Möhre ohne Grün.
c) Beide sind gleich frisch.

Stationengespräch

Fischfutter

Peter hat zwei Goldfische.
Der große Fisch frisst eine Dose Fischfutter in zwei Wochen. Der kleine Goldfisch braucht dafür drei Wochen.
Wann sind die 10 Dosen aus Peters Vorrat aufgebraucht?

a) 8½ Tage
b) 12 Tage
c) 12¼ Tage
d) 15 Tage

Stationengespräch/Lösungen

Milch im Tee
Lösung b: Mr. McNeill sollte die Milch vorher dazugießen.
Wie schnell der Tee abkühlt, hängt vom Unterschied zwischen der Teetemperatur und der Raumtemperatur ab. Je größer dieser Unterschied, desto schneller wird der Tee kalt.

Die Tomate
Lösung b: schwarz.
Eine Tomate erscheint rot, weil sie aus dem Spektrum des weißen Lichts, das alle Farben enthält, nur das rote Licht reflektiert. Alle anderen Farben werden absorbiert. Bestrahlt man die Tomate nun mit grünem Licht, so wird dieses komplett absorbiert. die Tomate reflektiert überhaupt kein Licht - also erscheint sie schwarz.

Tiefkühlkost
Lösung b: Unter die Bettdecke
Unter der Decke entsteht eine isolierende Luftschicht zwischen dem kalten Festtagsbraten und der warmen Außenluft. Was uns nachts vor der Kälte außen schützt, schützt umgekehrt auch die Kälte innen vor der Wärme außen.

Der Goldbarren
Lösung c: Er sinkt.
Ein schwimmender Körper verdrängt eine Wassermenge, die seinem Gewicht entspricht (ca. 1l pro kg). Das ist unser Goldbarren auf der Luftmatratze. Ein nicht schwimmender Körper (z.B. der Goldbarren, nachdem er untergegangen ist) verdrängt hingegen die Wassermenge seines Volumens.

Die Möhren
Lösung b: Ohne Grün
Bei der Möhre handelt es sich um eine Wurzel. Das überirdische Grün bezieht seine Feuchtigkeit aus der Wurzel und dies gilt auch dann noch, wenn wir die Möhre aus dem Boden ziehen und in ein Gemüsefach legen. Da nun das Grün durch seine große Oberfläche relativ viel Wasser verdunstet, zieht es zum Ausgleich Wasser aus der Wurzel, also aus unserer Möhre, die dabei stärker schrumpft und weniger knackig wird, als wenn wir das Grün entfernt hätten.

Das Fischfutter
Lösung b: 12 Tage
Der große Goldfisch braucht jede Woche eine halbe Dose Futter, der kleine Fisch ein Drittel einer Dose. Zusammen sind dies 1/2 plus 1/3 = 5/6 Dosen pro Tag. 10 Dosen reichen also 10/5 mal 6.

Steckbrief

ZIEL	• *Wesentliche Charakteristika einer Person zusammentragen*
BESCHREIBUNG	Steckbriefe können für Personen entworfen werden, die mit den jeweils Herrschenden in Konflikt geraten sind, z. B. Gestalten aus der Bibel (Propheten, Jesus, Paulus), der Kirchengeschichte (Luther), Geschichte (Napoleon) oder Menschen, die in Unrechts-Regimen Widerstand leisteten (Bonhoeffer, Sophie Scholl). Entweder entwirft der Lehrer/die Lehrerin den Steckbrief und lässt Lücken, welche die Schüler/innen mit Hilfe von geografischen oder geschichtlichen Angaben (bei biblischen Gestalten mit entsprechenden Bibelstellen) ausfüllen. Oder die Schüler/innen entwerfen in Gruppenarbeit einen solchen Steckbrief, tauschen ihre Entwürfe aus und jede Gruppe füllt dann einen nicht selbst gestalteten Steckbrief einer anderen Gruppe aus.
CHANCEN	☺ Die Schüler/innen filtern aus Texten Schlüsselbegriffe oder wesentliche Informationen zu einer Person. ☺ Wichtiges wird von Unwichtigem getrennt.
SCHWÄCHEN	☹ Nicht nur das Äußerliche einer Person soll im Vordergrund stehen, sondern auch typische Charakteristika (guter Redner, sozial engagiert etc.). Dies ist für Schüler aber schwierig zu eruieren.
WEITERARBEIT	⇨ Durch zusätzliche Quellen kann man sich noch mehr der Person nähern. ⇨ Interessant ist die Frage, wer der Verfasser des Steckbriefes war, es bieten sich bei dieser Themenstellung auch arbeitsteilige Gruppenarbeiten an. (Ein Steckbrief Jesu hat andere Intentionen, wenn er von Römern verfasst wurde als von Pharisäern und Schriftgelehrten).
MÖGLICHE THEMEN SONSTIGES	⇨ Personen der Geschichte, der aktuellen Politik ⇨ Protagonisten eines Textes / eines Buches In Gruppenarbeit können die Schüler/innen ihre jeweilige Stärke einsetzen (zeichnerische Talente, Textarbeit, gute Formulierung etc.).

Steckbrief

NAME:

GEB. AM:

GESTORBEN AM:

CHARAKTEREIGENSCHAFTEN:

REVOLUTIONSGRUPPE:

ZIELE:

Steckbrief

Hiermit wird vor einem <u>gefährlichen Staatsfeind</u> gewarnt, der die politische und religiöse Ruhe in unserem Lande gefährdet.

BELOHNUNG
Wer kennt diesen Mann?

<u>Name</u>: Jesus
<u>Geburtsort</u>: Betlehem
<u>Geburtsjahr</u>: um 0
<u>Er gibt sich folgenden Namen</u>:
- König der Juden
- Sohn Gottes
- Heiland

<u>Staatsangehörigkeit</u>: Jude
<u>Beruf</u>: Zimmermann
Wanderprediger

i. A.
P. Pilatus

Triangel

ZIEL
- *Festigung von Lerninhalten*
- *Übungen und Wiederholen von Unterrichtsinhalten*

BESCHREIBUNG Auf einem vorgegebenen Triangel-Raster (25 kleine Dreiecke bilden ein großes Dreieck – siehe Abbildung) werden Themengebiete so angeordnet, dass zueinander gehörende Aufgaben und Lösungen/Bilder und Wörter/Begriffe und Definitionen etc. an den aneinander liegenden Dreiecksseiten schriftlich fixiert sind.
Dann werden die kleinen Dreiecke ausgeschnitten und gemischt. In Einzel-, Partner- oder Gruppenarbeit (je nach Schwierigkeitsgrad) werden sie wieder so zusammengesetzt, dass die Bilder (Begriffe, Aufgaben) den entsprechenden Wörtern (Definitionen, Lösungen) zugeordnet werden.
Diese Methode kann als Übung, aber auch als Spiel mit Wettbewerbscharakter eingesetzt werden. Dazu werden die 24 kleinen Dreiecke an die einzelnen Mitspieler verteilt. Eines verbleibt auf dem Tisch, damit wird angefangen.
Der Reihe nach wird dann jeweils ein Dreieck angelegt. Wer kein passendes Dreieck besitzt, muss eine Runde aussetzen. Der Spieler, der zuerst alle Dreiecke ablegen kann, hat gewonnen.

CHANCEN
- ☺ Die Schülerinnen und Schüler üben und wiederholen auf spielerische Art und Weise.
- ☺ Diese Methode ist in vielen Sozialformen anwendbar, als Einzelübung, mit einem Partner, in einer Kleingruppe oder sogar in der gesamten Klasse.

SCHWÄCHEN
- ☹ Man muss darauf achten, dass jeweils eine Aufgabe genau einer Lösung entspricht. Doppelungen sind zu vermeiden. Die exakte Zuordnung muss eindeutig leistbar sein.

WEITERARBEIT
- ⇨ Hefteintrag
- ⇨ Im Triangel-Raster werden bewusst Lücken gelassen, die die Schülerinnen und Schüler ausfüllen müssen.
- ⇨ In der Fremdsprachenarbeit können mit den geübten Vokabeln Sätze gebildet werden.

Triangel

MÖGLICHE THEMEN
- ⇨ Mathematikaufgaben (Grundrechenarten, Wurzelaufgaben, Quadratzahlen, Therme etc.)
- ⇨ Autoren und Werke
- ⇨ Formeln und ihre Lösungen
- ⇨ Länder und Hauptstädte (Flüsse, Berge, Landschaften etc.)
- ⇨ Wortartenoberbegriffe und die dazugehörigen Wörter
- ⇨ Abkürzungen (in Physik/Chemie) und ihre Bedeutung
- ⇨ Verben und die dazugehörenden Nomen
- ⇨ Adjektive und die entsprechenden Adverbien (Deutsch und Fremdsprachenunterricht)

SONSTIGES
Das Triangel-Raster kann vom Lehrer vorgegeben, aber auch von Schülerinnen und Schülern in Partner- oder Gruppenarbeit konzipiert werden.

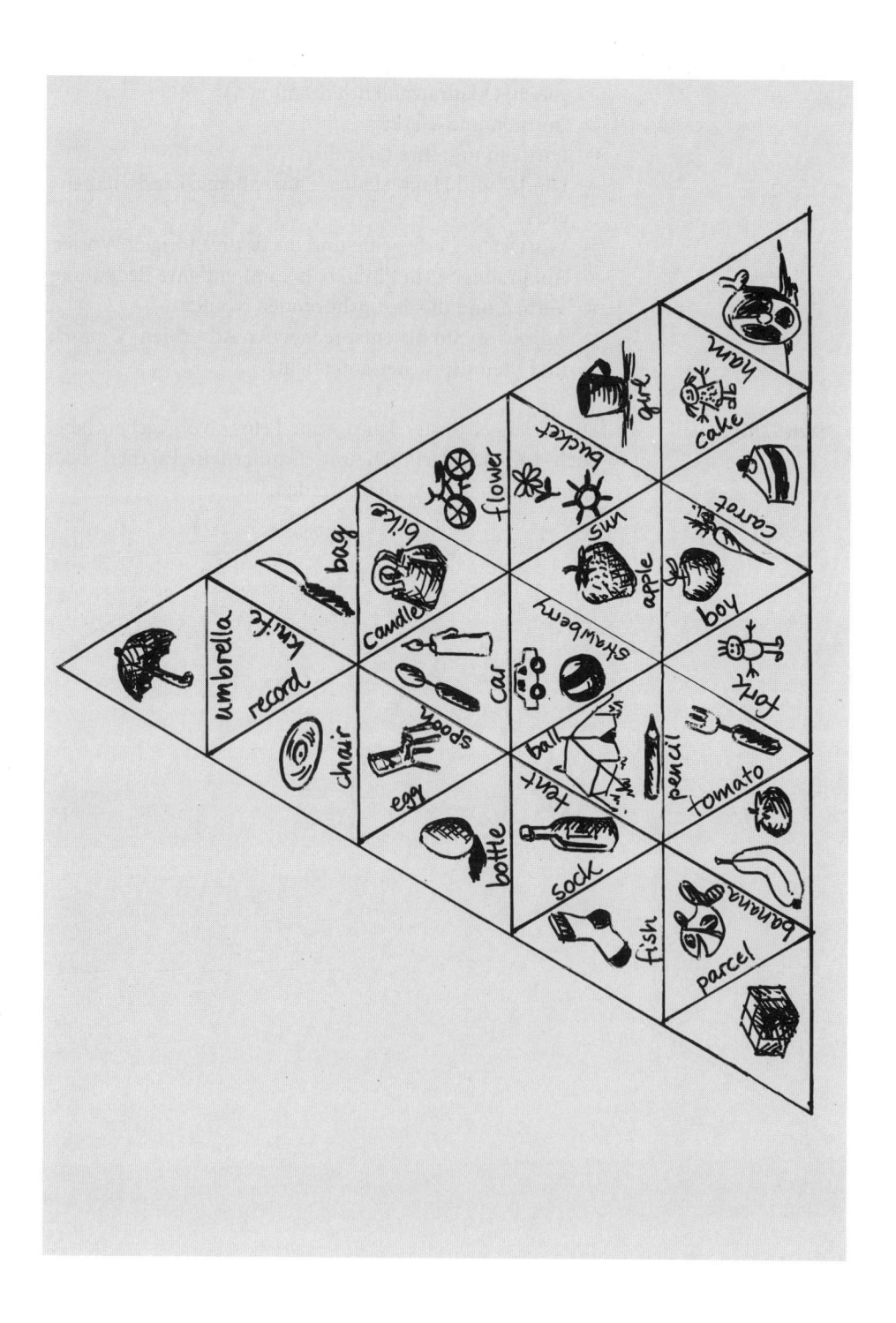

Triangel

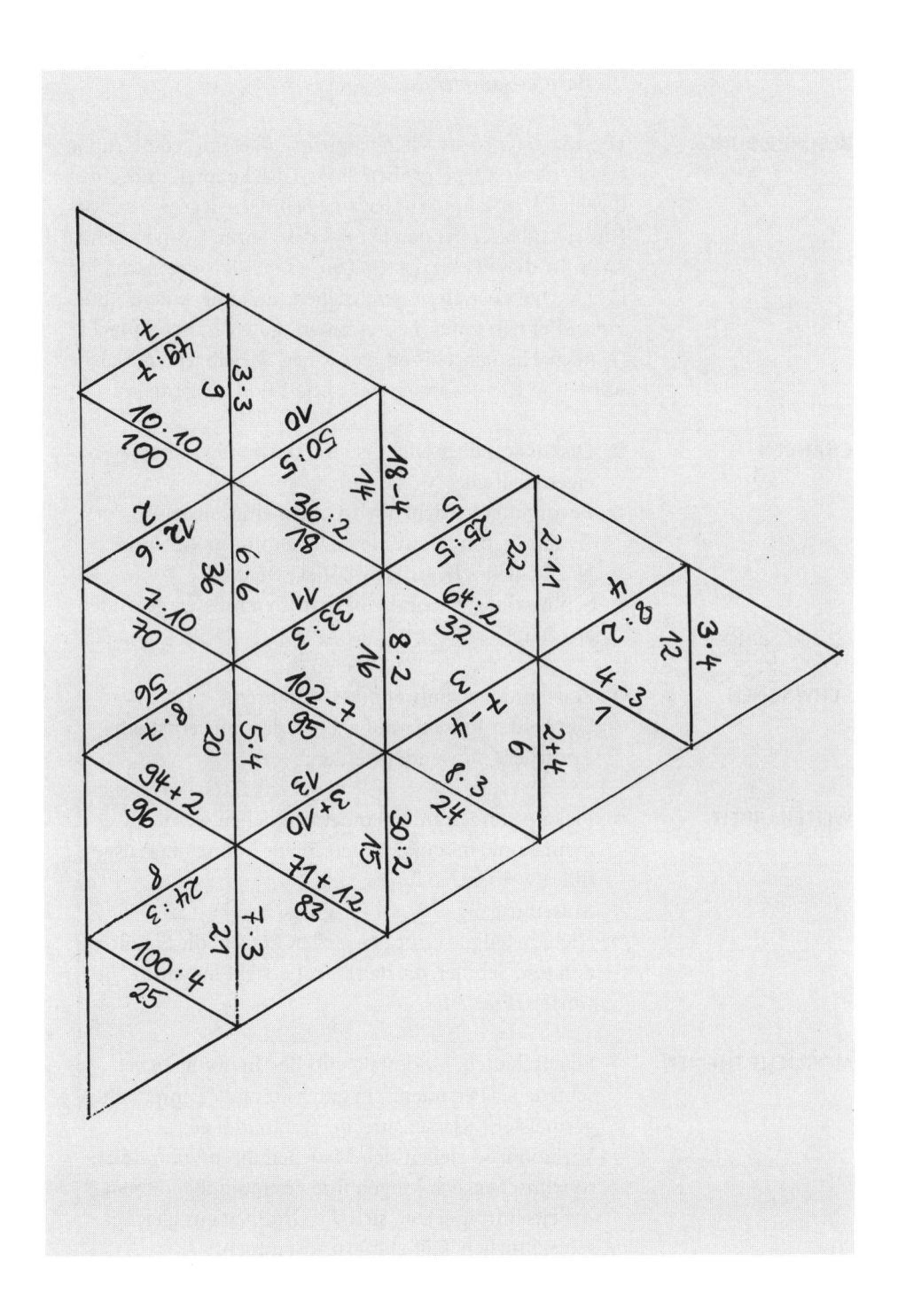

Triangel

Umrisse zeichnen

ZIEL	• *Wichtige Eigenschaften einer Person oder eines Berufes sammeln*
BESCHREIBUNG	Die Klasse wird in Kleingruppen aufgeteilt, jede Gruppe erhält einen körpergroßen Bogen Packpapier und einen dicken Filzstift. Ein Schüler/eine Schülerin legt sich auf das Papier und zeichnet den Umriss des ganzen Körpers genau nach. In diesen skizzierten Umriss werden Eigenschaften und Verhaltensweisen geschrieben, die man einem guten Freund/einem guten Lehrer/einem guten Klassensprecher (je nach Themenstellung) zuordnet. Die einzelnen Plakate werden in Kleingruppen präsentiert und ausgestellt.
CHANCEN	☺ Diskussion über wichtige und unwichtige Charaktereigenschaften ☺ Bevor aufgeschrieben wird, muss ein Konsens in der Gruppe gefunden werden. Dazu müssen Vor- und Nachteile des Begriffs diskutiert werden. ☺ Schlüsselbegriffe und Überschriften müssen gefunden werden.
SCHWÄCHEN	☹ Zeit- und platzaufwendiges Verfahren. ☹ Der Lehrer muss darauf achten, dass nur ernsthafte Ausdrücke verwendet werden.
WEITERARBEIT	⇨ Plakate können miteinander verglichen werden. Gemein-samkeiten und Unterschiede können herausgefiltert werden. ⇨ Museumsgang ⇨ Nicht beteiligte Gruppen stellen Fragen, die Schülerinnen und Schüler, die das Plakat erstellt haben, beantworten diese.
MÖGLICHE THEMEN	⇨ Eigenschaften, Merkmale und Beschreibungen verschiedener Personen (ein guter Freund / Lehrer / Bürgermeister / Klassensprecher; mein Idol etc.). ⇨ Variation: So stellen sich Mädchen ihren Freund vor; so wünschen sich Jungen ihre Freundin. Bei diesem Arbeitsauftrag setzen sich die Gruppen aus gleichgeschlechtlichen Teilnehmern zusammen.

Umrisse zeichnen

SONSTIGES

Diese Arbeitsform kann durch zusätzliche Bemerkungen und Ideen von Schüler/innen weitergeführt werden. Dazu tauschen die Gruppen ihre Plakate untereinander aus. Bei bestimmten Themenstellungen kann auch gezeichnet werden und so wesentliche Äußerlichkeiten (Haare, Augen etc.) festgehalten werden.

Umrisse zeichnen

Vier-Ecken-Methode

ZIEL	- *Meinungsbildung initiieren* - *Bewertungen, Assoziationen, Entscheidungen, Lösungen diskutieren* - *Sprechanreize vermitteln*
BESCHREIBUNG	Zu einer Frage oder einem Problem, bei dem es verschiedene Sichtweisen gibt, hängt der Lehrer/die Lehrerin in jede der vier Ecken des Raumes eine bestimmte Aussage. Die Schülerinnen und Schüler finden sich in der Mitte des Raumes ein und ordnen sich dann der Aussage zu, der sie am ehesten zustimmen. Anschließend diskutieren die Schülerinnen und Schüler in der jeweiligen Ecke miteinander, wie sie zur gewählten Aussage stehen. Eine Sprecherin der jeweiligen Gruppe wird ausgelost und vermittelt die Statements und Standpunkte dem Plenum.
CHANCEN	☺ Provokative, konträre Aussagen dienen als Anreiz für die Schülerinnen und Schüler die eigene Meinung zu überprüfen. ☺ Das Festlegen auf eine Position regt an, Argumente zur Begründung zu suchen. ☺ Ein aktiver Meinungsaustausch erfolgt. ☺ Die Schülerinnen und Schüler erhalten die Möglichkeit, sich zu bewegen und sich damit einer Frage zuzuordnen.
SCHWÄCHEN	☹ Bei vier Wahlmöglichkeiten kann es vorkommen, dass sich einige Schüler/innen sehr schwer tun, eine Entscheidung zu treffen.
WEITERARBEIT	⇨ Diskussion im Plenum. ⇨ Die Mitglieder der verschiedenen Ecken befragen sich gegenseitig. ⇨ Tafelbilder als Tabelle (mit Argumenten aus jeder Ecke).
MÖGLICHE THEMEN	⇨ Wie fühle ich mich heute? ⇨ Das ist mir besonders wichtig/unwichtig

Vier-Ecken-Methode

⇨ Hausaufgaben sind …/Gruppenarbeit ist …/
Noten sind …

SONSTIGES Die vier Ecken können auch mit Bildern, Karikaturen oder Symbolen zu bestimmten Themenbereichen ausgestaltet werden.

Wortcollage

ZIEL
- *Sprachliche Auseinandersetzung mit fachlichen Ausdrücken*
- *Spielerisches Gesprächstraining*
- *Diskussion über Wichtigkeit und Wertigkeit von Begriffen, Grundsätzen oder Einstellungen*

BESCHREIBUNG Die Schüler werden mit einer Thematik konfrontiert (Freundschaft). Der Lehrer gibt eine Leitfrage (Was ist dir persönlich an Freundschaft wichtig?). Diese Frage soll mit ein bis zwei Worten beantwortet werden; diese beiden Begriffe werden auf einen/zwei Zettel geschrieben. Dies alles geschieht in Einzelarbeit. Dann nennt jeder seinen bzw. seine Begriffe und alle Worte werden an der Tafel und von jedem Schüler notiert, so dass am Schluss jeder Schüler alle Begriffe aufgeschrieben hat. Doppelungen werden nur einmal verwendet. In Gruppenarbeit (6 Schüler) wird das Thema („Freundschaft") auf ein Plakat geschrieben, es kann überall angeordnet sein (Mitte, oben, unten, groß, klein, Wellenform, quer usw.). Es muss lediglich an einer Stelle auf diesem Plakat erscheinen. Das Plakat kann verändert werden, es kann zerschnitten oder verkleinert werden, in eine bestimmte Form gebracht werden (Herz, Kreis, Viereck, Kreuz) oder auch in seiner ursprünglichen Größe gelassen werden. Eine Regel für die Schüler besteht darin, alle gesammelten Begriffe erscheinen zu lassen und in irgendeiner Weise dem vorgegebenen Thema zuzuordnen (dicht dran, weiter weg etc.). Dies bedeutet automatisch, dass eine Vorarbeit erfolgen muss, die Schülerinnen und Schüler müssen diskutieren, welche Worte wichtiger als andere sind, welche weniger elementar erscheinen. („Wo sollen wir den jeweiligen Ausdruck hinsetzen? Und warum?") Zusatzbilder, Zusatzsymbole und Zusatzzeichen sind erlaubt, Zusatzworte nicht, die Begriffe dürfen aber mit Farbe eingekreist oder umrandet werden, mit verschiedenen Farben geschrieben werden, mit verschiedener Dicke dargestellt werden oder unterstrichen werden. Auf diese Art und Weise entsteht nachher ein Plakat, ein Leporello, ein gestaltetes Herz, ein gestaltetes Kreuz u. v. m. Schüler sind naturgemäß sehr kreativ, wenn sie diese Begrifflichkeiten visualisieren sollen.

Wortcollage

CHANCEN
- ☺ Eine sehr kreative Methode, sowohl sprachlich interessierte Schüler wie auch mehr kreativ-visuelle Personen kommen zu ihrem Recht.
- ☺ Jeder bezieht Stellung.
- ☺ Jeder wird gleich ernst genommen, weil jedes Wort aufgenommen und bearbeitet wird.
- ☺ Es werden intensive Denk- und Diskussionsprozesse in Gang gesetzt.
- ☺ Schüler arbeiten gern mit diese Methode, sie beratschlagen sehr lange, wie man ein Plakat gestalten soll und in welche Form man es bringen soll.
- ☺ Offene Unterrichtsform: Der Lehrer ist praktisch nicht vorhanden, er stellt lediglich das Arbeitsmaterial.

SCHWÄCHEN
- ☹ Ein erheblicher Zeitfaktor muss eingeplant werden, aber die Ergebnisse sprechen für sich.

WEITERARBEIT
- ⇨ Museumsgang, Ausstellung.
- ⇨ Am Ende dieser Methode sollte eine Vorstellung im Plenum erfolgen. Interessant in diesem Zusammenhang ist, dass auch schwächere und ruhigere Schüler gerne ihre Ergebnisse vorstellen, da man sich sehr gut an den Begriffen „festhalten" kann.

MÖGLICHE THEMEN
- ⇨ Zu Beginn, aber auch am Ende einer Unterrichtseinheit. Je nach Einsatz hat diese Arbeitsform die Funktion einer Stoffsammlung (geht aber einen Schritt weiter durch die verschiedene Wertigkeit der Begriffe). Sie kann aber auch in eine Sicherungs- oder Festigungsphase eingegliedert, aber auch durchaus in der Transferphase eingesetzt werden.

SONSTIGES

Es muss nicht immer alles im Plenum thematisiert werden, viel wichtiger und entscheidend ist das, was sich in den Kleingruppen abgespielt hat und was dort abgelaufen ist. Denn dort hat es eine Diskussion mit mehreren Beteiligten gegeben und man hat sich intensiv mit der Thematik auseinandergesetzt.

Wortcollage

Zahlenroulette

ZIEL	• *Sicherung von Lerninhalten*
BESCHREIBUNG	Die Schülerinnen und Schüler zählen sich ab und notieren die genannte Zahl als ihre Kennnummer. Alsdann tauschen sie ihre Plätze. Der Lehrer nennt nun eine Impulsfrage zur vorangegangenen Unterrichtsstunde und ruft eine beliebige Zahl auf. Der Schüler mit dieser Kennnummer gibt die erste Information und ruft die nächste Ziffer auf. Der aufgerufene Schüler nennt den nächsten informativen Satz, ruft die nächste Zahl auf usw. Der Lehrer muss darauf achten, dass nicht zu viele Doppelungen und Wiederholungen erfolgen und dass eine gewisse Stringenz und Logik eingehalten wird.
CHANCEN	☺ Durch den Spielcharakter ergibt sich eine deutliche Motivation. Die Schülerinnen und Schüler merken gar nicht, wie intensiv sie den Lernstoff wiederholen. ☺ Jedem Schüler wird deutlich, ob und wie sehr er die Unterrichtsthematik verstanden hat. ☺ Da man nie weiß, wann man aufgerufen wird, muss genau zugehört werden.
SCHWÄCHEN	☹ Sollte ein Schüler immer wieder von Mitschülern aufgerufen werden, muss der Lehrer eingreifen. ☹ Fehler müssen direkt (von Mitschülern) korrigiert werden. Eventuell muss der Lehrer das Spiel kurz unterbrechen und bei der Lösung helfen.
WEITERARBEIT	⇨ Wichtige Informationen können als Schlüsselbegriffe an der Tafel mitnotiert werden und in ein Tafelbild eingearbeitet werden.
MÖGLICHE THEMEN	⇨ Alle fachlichen Themen, die eine Fülle von Informationen beinhalten, eignen sich: Texte, Quellen, Inhaltsangaben, Wiederholung eines Lehrervortrages etc.
SONSTIGES	Der Tausch der Sitzplätze ist wichtig, da man sonst durch Abzählen ganz bewusst Mitschüler aufrufen kann. Die Motivation lässt sich noch steigern, wenn man der Lerngruppe die Zielvorgabe gibt, das Zahlenroulette so lange

Zahlenroulette

zu spielen, wie sinnvolle Informationen genannt werden. Im Verlauf des Spiels kann es passieren, dass ein Schüler keinen weiteren Satz mehr nennen kann, dann setzt der Lehrer mit der nächsten Bekanntgabe einer neuen Ziffer das Spiel fort.

Die Methode „Zahlenroulette" kann auch nach einem Lehrervortrag eingesetzt werden, um zu überprüfen, welche inhaltlichen Komponenten bei den Schülerinnen und Schülern angekommen sind.

Zielscheibe

ZIEL	• *Sprachliche Auseinandersetzung mit fachlichen Begriffen.*
BESCHREIBUNG	Bei dieser Arbeitsform geht es um genaue Begrifflichkeiten. Jede Gruppe erhält ein Plakat mit einer aufgemalten Zielscheibe, mit einem Punkt im inneren und fünf Kreisen, die diesen Punkt nach außen hin erweitern. Zunächst wird jede Schülerin und jeder Schüler gebeten, drei oder vier Begriffe aufzuschreiben, die für ihn mit der Unterrichtsthematik zu tun haben. Danach werden alle Begriffe vorgelesen und an der Tafel gesammelt, doppelte Ausdrücke werden nur einmal aufgeführt. In den Zufallsgruppen müssen sich die Schülerinnen und Schüler über diese Begriffe verständigen. Ausdrücke, die ihrer Meinung nach sehr viel mit dem vorgegebenen Thema zu tun haben, sitzen in der Mitte der Zielscheibe, Begriffe die weniger wichtig sind, werden auf einen der äußeren Ringe eingeordnet. So ist gewährleistet, dass die gesamten Ausdrücke in diese Zielscheibe gelangen und eingetragen werden und in den verschiedenen Gruppen wird es sehr fruchtbare Diskussionen geben, welche Begrifflichkeiten weniger und welche eher zu vernachlässigen sind. Somit entsteht ein ernsthaftes Diskutieren über verschiedene Ausdrücke und ihre Bedeutung zum Impulswort/Impulssatz hin.
CHANCEN	☺ Jeder wir gleich ernst genommen, weil jeder die Möglichkeit hat, 3–4 Begriffe ins Plenum zu bringen. ☺ In sprachlicher Hinsicht eine sehr geeignete Methode, weil die Thematik genau auf ihre Begrifflichkeiten hin zu filtern ist und mit verschiedenen Begriffen gespielt werden kann.
SCHWÄCHEN	☹ Schüler müssen sprachlich sehr sensibel sein.
WEITERARBEIT	⇨ Die Zielscheibe ist eine klassische Weiterarbeitsmethode, sie kann durchaus im Anschluss an die ABC-Methode oder an die Wortcollage als Weiterführung durchgeführt werden. Genauso ist es sinnvoll, nach einer Zielscheibe nochmals in die Plakatgestaltung der Wortcollage zu gehen oder einige Begrifflichkeiten in

Zielscheibe

einer Modifizierung der ABC-Methode nochmals zu ergänzen.

MÖGLICHE THEMEN
⇨ Freundschaft/Liebe
⇨ Beruf
⇨ Umwelt
⇨ Frühling
⇨ Krieg/Frieden

SONSTIGES Es sollte mit Zeitvorgaben gearbeitet werden, da die einzelnen Gruppen unterschiedlich lange diskutieren werden. Durch die Zufallszusammensetzung entstehen teils homogene teils sehr heterogene Gruppen.

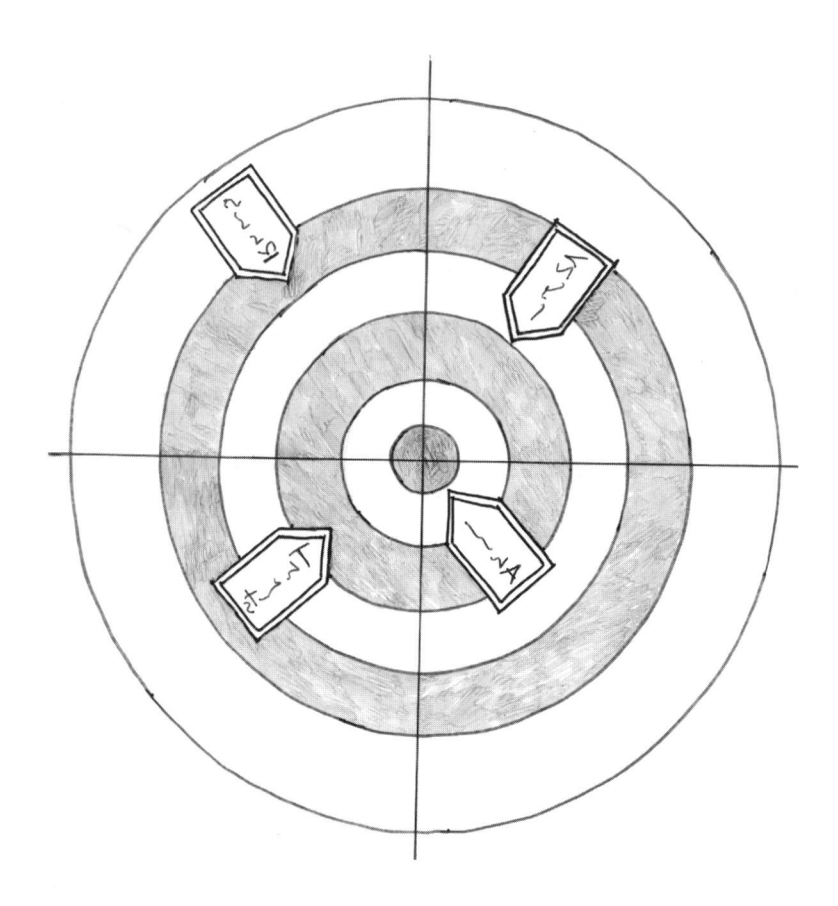

Zitaten-Schatzkiste

ZIEL	• *Einander besser kennen lernen* • *Klassengemeinschaft stärken*
BESCHREIBUNG	Die Schülerinnen und Schüler erhalten Zitate bzw. Thesen zu einem bestimmten Themenkomplex (hier: Freundschaft). In einer ca. dreiminütigen Besinnungsphase überlegt sich jedes Kind, welches Zitat die eigene Meinung am besten widerspiegelt. Dazu werden Stichwörter auf einem Spickzettel notiert. Im nächsten Arbeitsschritt finden sich die SchülerInnen in Zufallsgruppen zu je drei bis vier Kindern zusammen. Jeder erläutert nun seine Gedanken und Assoziationen zu „seinem" Zitat. Dies geschieht reihum, bis jeder seine Ideen vorgetragen hat. Im letzten Arbeitsschritt dürfen freiwillige SchülerInnen ihre Zitate vorlesen und ihre Argumente im Plenum erläutern.
CHANCEN	☺ Die SchülerInnen üben sich im Umgang mit verschiedenen schriftlichen Impulsen. ☺ Sie begründen und erläutern ihre Auswahlentscheidung. ☺ Das freie Reden, Zuhören und Miteinander-Sprechen wird in einer „schützenden" Kleingruppe geübt.
SCHWÄCHEN	☹ Die Zeitvorgabe für jede Station muss großzügig gewählt werden, da es unterschiedlich lange Vorträge der einzelnen SchülerInnen geben wird.
WEITERARBEIT	⇨ Eine Besprechung eines vorgestellten Zitats kann sich anschließen – sowohl in der Kleingruppe als auch im Klassenplenum. SchülerInnen und Schüler, die das vorgestellte Zitat anders interpretieren, können ihre Argumente einbringen, so dass sich sogar eine kleine Pro- und Contra-Diskussion entwickeln kann.
MÖGLICHE THEMEN	⇨ Die Methode ist bei vielen ethischen und anthropologischen Themengebieten einsetzbar; sie kann aber auch im Bereich der Mediation zur Stärkung der Klassengemeinschaft als sinnvolle Übung herangezogen werden.

Zitaten-Schatzkiste

SONSTIGES

Das Verfahren der „Schneeball-Methode" kann hier ebenfalls angewendet werden, dann ist allerdings auch ein größerer zeitlicher Rahmen anzusetzen.

Gerade in der Kommunikation trainierte Klassen können auch mit Zufallspräsentatoren arbeiten: Es können einerseits SchülerInnen ihr eigenes Zitat vorstellen, andererseits können auch Gruppenmitglieder ausgelost werden, das Zitat eines anderen Teilnehmers aus ihrer Kleingruppe vorzulesen und dessen Argumente nochmals mündlich zusammenzufassen (Perspektivenwechsel üben).

Zitate, die vorher von der Lehrkraft ausgewählt wurden, können auch in der Methode „Stationengespräch" bearbeitet werden. Hier wäre es sinnvoll, nicht mehr als sechs bis sieben Zitate zu verwenden.

Zitaten-Schatzkiste

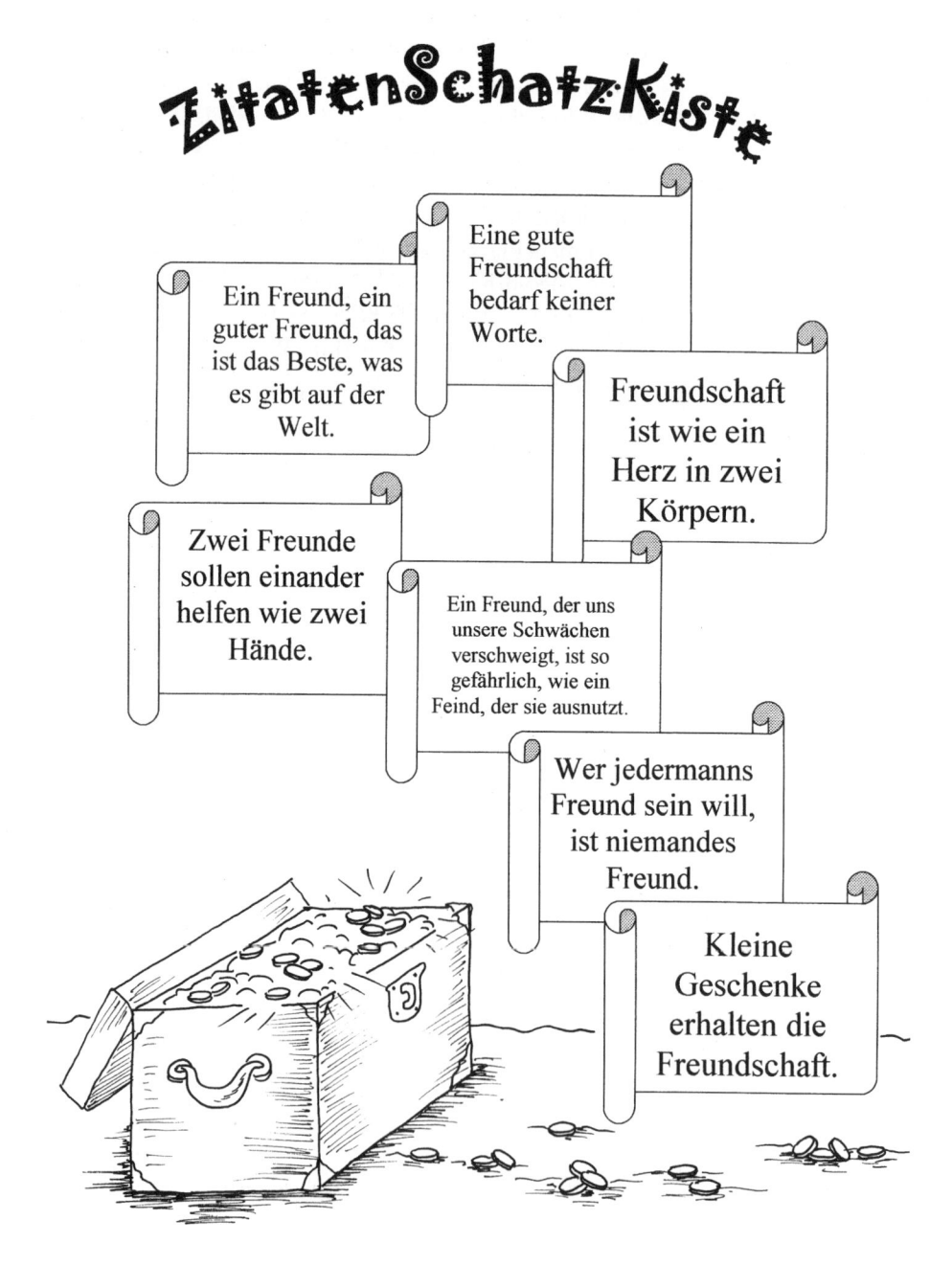

ZitatenSchatzKiste

Ein Freund, ein guter Freund, das ist das Beste, was es gibt auf der Welt.

Eine gute Freundschaft bedarf keiner Worte.

Freundschaft ist wie ein Herz in zwei Körpern.

Zwei Freunde sollen einander helfen wie zwei Hände.

Ein Freund, der uns unsere Schwächen verschweigt, ist so gefährlich, wie ein Feind, der sie ausnutzt.

Wer jedermanns Freund sein will, ist niemandes Freund.

Kleine Geschenke erhalten die Freundschaft.

Zitaten-Schatzkiste

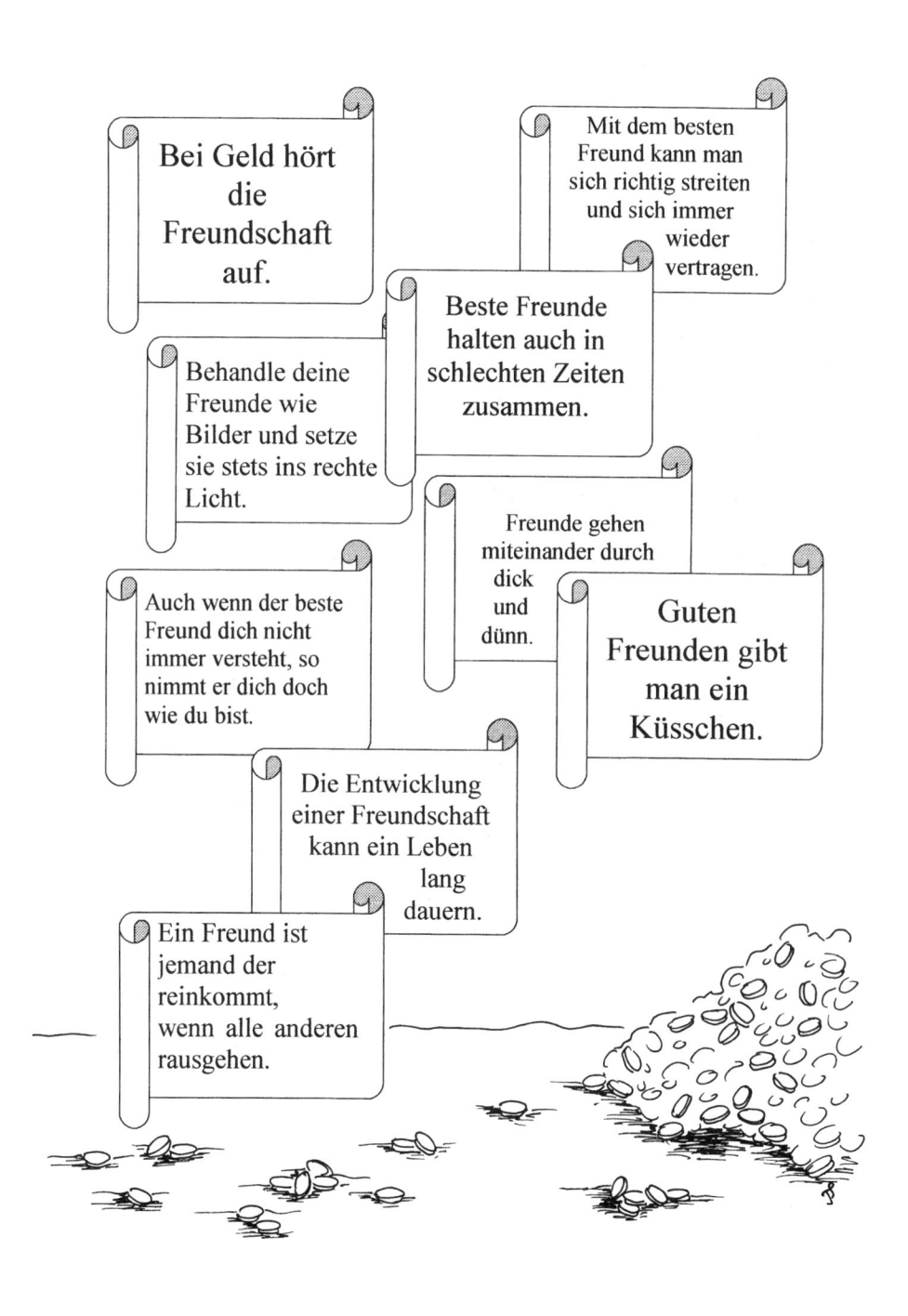

Bei Geld hört die Freundschaft auf.

Mit dem besten Freund kann man sich richtig streiten und sich immer wieder vertragen.

Behandle deine Freunde wie Bilder und setze sie stets ins rechte Licht.

Beste Freunde halten auch in schlechten Zeiten zusammen.

Freunde gehen miteinander durch dick und dünn.

Guten Freunden gibt man ein Küsschen.

Auch wenn der beste Freund dich nicht immer versteht, so nimmt er dich doch wie du bist.

Die Entwicklung einer Freundschaft kann ein Leben lang dauern.

Ein Freund ist jemand der reinkommt, wenn alle anderen rausgehen.

Literaturverzeichnis

Dera, K. (Hrsg.): Lernen für die Praxis. Weinheim und Basel 1984

Klippert, H.: Kommunikations-Training Übungsbausteine für den Unterricht II. Weinheim und Basel 1995

Klippert, H.: Methoden-Training, Übungsbausteine für den Unterricht. Weinheim und Basel 1994

Klippert, H./Müller, Frank: Methodenlernen in der Grundschule, Bausteine für den Unterricht. Weinheim und Basel 2003

Meyer, H.: Unterrichts-Methoden II: Praxisband. Frankfurt a. M. 1989

Miller, R.: Schulinterne Lehrerfortbildung. Der SCHILF-Wegweiser. Weinheim 1995

Müller, F.: Schlüsselqualifikationen – Selbstständigkeit fordern und fördern. In: Pädagogische Nachrichten Rheinland-Pfalz. Heft 2/1999

Neuland, M. (Hrsg.): Schüler wollen lernen. Eichenzell 1995

Vopel, K.W.: Interaktionsspiele 1–7. Hamburg ab 1974 (E); Interaktionsspiele für Kinder 1–4. Hamburg ab 1977 (K); Interaktionsspiele für Jugendliche 1–4. Hamburg 1981 (J)

und zuletzt ...

Selbstständigkeit – kein Privileg des Menschen